Götter · Mythen · Kulturen

Das alte Ägypten

Götter · Mythen · Kulturen

Das alte Ägypten

NEUER
HONOS
VERLAG

Titel der englischen Ausgabe:
Ancient Cultures • Ancient Egyptian Culture

Übersetzung aus dem Englischen: Prologos Sprachendienste, Köln
Redaktion: Das Redaktionsbüro, Köln
Satz: ce redaktionsbüro für digitales publizieren, Erkelenz
Gesamtherstellung: NEUER HONOS VERLAG, Köln

INHALT

Einleitung

Die altägyptische Zivilisation bestand über viele Jahrhunderte hinweg, von etwa 3000 bis 300 v. Chr. Während dieser Zeit schufen die Ägypter gewaltige Bauten und elegante Kunstwerke. Sie erfanden Schrift-, Maß- und Zählsysteme und entwickelten ein starkes, zentralistisches Regierungssystem. Ihre Bauweise und ihre technischen Errungenschaften wurden von vielen Ländern der Alten Welt bewundert – und zuweilen auch kopiert. Ihre geheimnisvoll-komplexe Religion fasziniert noch heute die Gelehrten und Schriftsteller.
Was aber wissen wir über diese ferne Welt schöner, aber geheimnisvoller Hieroglyphen und farbenprächtiger Grabgemälde? Verglichen mit der 5000 Jahre alten ägyptischen Zivilisation erscheint doch die westliche Kultur mit ihren 2000 Jahren sehr jung. Über lange Zeit hinweg, bis zu dem Zeitpunkt nämlich, als vor 200 Jahren eine systematische Untersuchung des Volkes und seiner Kultur einsetzte, blieb die ägyptische Zivilisation Ehrfurcht einflößend und geheimnisvoll.

Stark vorangetrieben wurde die Erforschung des alten Ägypten durch eine große Anzahl von gut erhaltenen Kunst- und Gebrauchsgegenständen. Viele dieser Gegenstände sind erhalten geblieben, weil die Ägypter an ein Leben nach dem Tod glaubten, das als eine glanzvolle Verlängerung des irdischen Lebens betrachtet wurde. Könige und Kaufleute sammelten Schätze, aber auch schlichtere Gegenstände an, die ihnen das Leben nach dem Tod leichter und angenehmer machen sollten.
Die Ägypter der frühen Epoche waren Nomaden. Um 2900 v. Chr. jedoch, der Zeit der ersten schriftlich belegten Herrscherfamilie Ägyptens, hatten sie sich in Dörfern entlang des Nil niedergelassen und blieben dort für Hunderte oder auch Tausende von Jahren. Das Königreich des alten Ägypten breitete sich in Nordafrika entlang des Nilufers aus. Diese Lage war für den Kontakt zu den frühen Zivilisationen des Mittelmeerraums und des Mittleren Ostens sehr vorteilhaft. Der Nil brachte einen langen Streifen fruchtbaren Landes mit sich, das sich ideal zum Getreideanbau eignete und sich einschließlich des Nildeltas über eine Fläche von 34 000 Quadratkilometern erstreckte. Um 3000 v. Chr. ließen sich die alten Ägypter an den Flussufern nieder und entfalteten sich zu einer der am höchsten entwickelten frühen Zivilisationen. Aus diesen schlichten Anfängen erwuchs ein sehr starker ägyptischer Staat. Die ägyptischen Könige, die Pharaonen, herrschten über ein großes Reich. Sie bekämpften und eroberten Völker in fernen Ländern, im heutigen Syrien, in Libyen und im Irak. Auch trieben sie Handel mit Kaufleuten im Mittelmeerraum, etwa im Libanon und in Griechenland.
Die meisten ägyptischen Bauwerke sowie zahlreiche Kunstwerke sind mit Inschriften versehen, mit Reihen einer Bilderschrift, den so genannten Hieroglyphen, die in den harten Stein gehauen wurden. Dank des robusten und unverwüstlichen Steins sind diese Inschriften auch nach vielen Jahrtausenden noch lesbar. Oft geben sie Zeugnis von einer großen Leistung, etwa einem Tempelbau oder einem gewonnenen Krieg. Auch Reisende berichten uns über die Ägypter, wie etwa der griechische Schriftsteller Herodot, der um 500 v. Chr.

Gegenüber: Ein Diener aus dem Pharaonenpalast bringt den Göttern Speisen dar.

Unten: Vogeljagd im Marschland. Große Gebiete entlang des Nil wurden für den Fischfang genutzt, der für die alten Ägypter eine einträgliche Beschäftigung war. Ausschnitt eines thebanischen Grabbildes, ca. 1400 v. Chr.

durch das Land zog. Diese Reiseberichte erweisen sich als sehr nützlich, auch wenn nicht jeder Einzelheit Glauben geschenkt werden kann. Herodot beispielsweise liebte es, skandalöse Geschichten einzuflechten, die zur bloßen Unterhaltung seiner Leser dienten. Auch wenn die alten Ägypter vor so langer Zeit lebten, so können doch ihr Lebensstil, ihr Brauchtum und ihre religiöse Auffassung heute noch erschlossen werden. Das Wissen über diese Dinge stammt aus verschiedenen Quellen – Bauwerken, Statuen, Gräbern, Inschriften sowie zahlreichen Gegenständen – die aus diesen Zeiten erhalten blieben. Dank des warmen und trockenen Wüstenklimas sind viele Bauwerke gut erhalten. Die Grabstätten und Tempel wurden mit Reliefs, Gemälden und Statuen verziert, von denen manche alltägliche Verrichtungen, andere wiederum religiöse Szenen darstellen. Sie alle erzählen vom Leben der Menschen, wie sie kämpften und Getreide anbauten, jagten und beteten oder sich vergnügten. Sie zeigen auch, wie die Ägypter aussahen, was sie aßen und welche Kleidung sie trugen – waren also Ausdruck ihrer Kultur.

Die Erforschung des alten Ägypten

Zivilisation und Sprache der alten Ägypter lagen zwar über viele Jahrhunderte hinweg im Dunkeln; die eindrucksvollen Bauwerke dieses großen Volkes jedoch weckten zu allen Zeiten die Bewunderung und Neugier der Europäer, die das Land bereisten.

Griechische und römische Schriftsteller zeichneten ihre Reisen auf, und das ganze Mittelalter hindurch zogen Pilger auf ihrem Weg ins Heilige Land durch Ägypten. Bis zum 18. Jahrhundert veröffentlichten zahlreiche Reisende ihre Berichte. Diese enthielten häufig detaillierte Beschreibungen der wundersamen Dinge, die man dort gesehen hatte. Diese Bilder des alten Ägypten erschienen den Europäern fremdartig. Sie waren vertrauter mit ihrem klassischen Erbe, dessen Sprachen, Griechisch und Latein, gepflegt worden waren und dessen Kunst und Architektur wieder in Mode gekommen waren. Die geheimnisvollen Hieroglyphen, unheimliche Götter mit Tierköpfen und die exotische Kleidung des alten Ägypten wirkten auf die damaligen Europäer wie auch auf uns heute äußerst fremd.

Die beginnende Erforschung

Die erste größere Untersuchung der altägyptischen Zivilisation führte eine Gruppe französischer Gelehrter durch, die den Ägyptenfeldzug Napoleons im Jahre 1798 begleiteten. Sie nahmen auch Maler mit, die das Gesehene festhalten sollten, und veröffentlichten schließlich unter dem Titel *Description de l'Egypte* eine ganze Reihe wunderbar illustrierter Bände.

Zu jener Zeit wurde von der französischen Armee an einem Ort namens Rosette ein Stein entdeckt, auf dem derselbe Text sowohl auf Griechisch, in Hieroglyphen als auch in einer anderen ägyptischen Schrift, Demotisch, eingemeißelt war. Nach 20 Jahren intensiver Untersuchung fand der Franzose Jean-François Champollion (1790–1832) in dieser Inschrift den Schlüssel zur Entzifferung der Hieroglyphen. Mit der Erschließung der Schrift zwischen 1822 und 1824 und der Veröffentlichung des mehrbändigen Werkes *Description de l'Egypte* (1809–1830) war der Grundstein für die Ägyptologie als gesondertes Fachgebiet gelegt.

Eine Inspiration für die Welt

Nach seinem Erfolg bei der Aufschlüsselung der Hieroglyphen organisierte Champollion gemeinsam mit dem Italiener Rosellini eine Expedition, um die ägyptischen Bauwerke detailliert zu dokumentieren. Jeder von ihnen veröffentlichte schließlich prächtig illustrierte Bände, die einen erheblichen Beitrag dazu leisteten, das alte Ägypten in Europa bekannt zu machen.

Darüber hinaus hatten diese Werke zur Folge, dass mehr Reisende und Händler Ägypten

Gegenüber: Eine Landkarte mit den historischen Stätten des alten Ägypten. An diesen Stätten kamen unglaubliche Schätze eines goldenen Zeitalters zum Vorschein – für nachfolgende Generationen ein Einblick in die Lebensweise der alten Ägypter.

Links: Jean-François Champollion (1790–1832), der »Vater der Ägyptologie«. Er entschlüsselte die Hieroglyphen.

Oben: Farbige Gravierkunst. Dargestellt wird ein thebanisches Grabgemälde aus dem Werk Rosellinis (1832–1844), in dem ägyptische Bauwerke mit großer Genauigkeit aufgezeichnet sind.

besuchten. Was sie anzog, waren allerdings nicht nur Wissensdurst und Neugierde, sondern auch die Tatsache, dass sie eventuell mit wertvollen Altertümern zurückkehren würden. Dabei sollte nicht vergessen werden, dass zu jener Zeit Reisen nach Ägypten langwierig und gefährlich waren. Noch schwieriger wurde das Unterfangen durch das Klima und durch die Verbreitung schwerer Krankheiten.

Die Forscher

Die schillerndste Persönlichkeit unter den Ägyptologen jener Zeit war ein Italiener namens Giovanni Belzoni (1778–1823). Er hatte einst im Londoner Theater mächtige Persönlichkeiten gespielt und sich später nach Ägypten begeben, um dort als Techniker zu arbeiten. Diese Fertigkeiten brachten ihn dazu, sich an der Überführung einer gewaltigen Büste von Ramses II. zu beteiligen, die er im Jahre 1818 erfolgreich nach London ins British Museum transportieren ließ. Das Projekt war von Henry Salt, dem britischen Konsul in Ägypten, in Auftrag gegeben worden. Salt selbst wurde ein leidenschaftlicher Sammler ägyptischer Altertümer, und seine Sammlung sollte mit der Unterstützung Belzonis den Kern der Sammlung des British Museum bilden. Beide führten langwierige, ernüchternde Abschlussverhandlungen mit dem Vorstand des Museums, der den Wert

Oben: Giovanni Belzoni (1778–1832), italienischer Archäologe, Forscher und Abenteurer und schillerndste Persönlichkeit der Ägyptologie des 19. Jahrhunderts

Oben: Porträt von Henry Salt (1780–1827), britischer Konsul in Ägypten. Seine bedeutende Sammlung von Altertümern war die Grundlage für die ägyptische Sammlung des British Museum.

Oben: Zeichnung von Giovanni Belzoni, die den Transport der gewaltigen Büste von Ramses II. zeigt; die Statue wurde in die Sammlung des British Museum aufgenommen. Von Belzoni war es eine bemerkenswerte Leistung, diese schwere Statue unversehrt nach England zu bringen.

Rechts: Farbige Zeichnung eines gemalten Reliefs aus der Grabstätte Sethos' I., angefertigt von Henry Salt (1780–1827), dem britischen Konsul in Ägypten. Er war leidenschaftlicher Sammler, und ihm sind einige der bedeutendsten Skulpturen des British Museum zu verdanken; er war aber auch ein guter Amateurzeichner.

Links: Blick auf das Ramesseum, Theben, im 19. Jahrhundert. Das Bild wurde von Francis Frith (1822–1898) aufgenommen, einem der bemerkenswertesten britischen Pioniere der Fotografie, die Ägypten bereisten.

einiger Skulpturen in Frage stellte. Die größte Schwierigkeit bestand darin, dass die ägyptischen Statuen als minderwertig gegenüber den klassischen betrachtet und sie eher für Kuriositäten als für Kunstwerke gehalten wurden. Belzoni führte erfolgreich noch weitere Ausgrabungen in Ägypten durch; er entdeckte einen Eingang zur Zweiten Pyramide und das Grab von Sethos I. im Tal der Könige. Seine Reise führte ihn auch weit in den Süden zum großen Tempel von Abu Simbel, den er als erster Mensch seit dem Altertum wieder betrat. Über diese Abenteuer veröffentlichte er einen Bericht und organisierte im Jahre 1821 eine Aufsehen erregende Ausstellung in der Ägyptischen Halle, Piccadilly.

Als Gründer der britischen Ägyptologie wird im Allgemeinen Sir John Gardner Wilkinson angesehen. Er verbrachte in Ägypten viele Jahre damit, Gemälde und Inschriften zu kopieren und die Kenntnis der alten Sprache zu vervollkommnen. Er versuchte, die königlichen Dynastien und Könige in der richtigen Zeitenfolge zu erfassen und er war es, der mit seinem Werk *The Manners and Customs of the Ancient Egyptians* (1837) die Ägyptologie populär machte, eine Studie, die viele Jahre lang ein Standardwerk war und über Religion, Alltag und Kultur berichtete. Eine weitere Schlüsselfigur der Ägyptologie jener Zeit war Robert Hay, der, wie Wilkinson, nicht von einer Organisation unterstützt wurde. Er stellte die Mittel zu einer Reihe von Expeditionen zur Verfügung, aus denen detaillierte Studien hervorgingen.

Diese grundlegenden, fundierten Untersuchungen gewannen öffentliches Interesse. In den 40-er Jahren des 19. Jahrhunderts finan-

Unten: Sammlung von Töpfereiprodukten aus dem Werk Description de l'Egypte *(1809–1830), in dem ägyptische Altertümer mit außergewöhnlicher Detailgenauigkeit dargestellt sind.*

zierte der König von Preußen eine groß angelegte Expedition an den Nil, die von Karl Lepsius angeführt wurde, der für das künftige Berliner Museum einige bedeutende Altertümer sicherstellte und eine umfangreiche Abhandlung in 24 Bänden mit dem Titel *Denkmäler* veröffentlichte.

Schutz der Schätze

Die Aufmerksamkeit der Ägyptologen konzentrierte sich hauptsächlich auf Datierung und Sprache; die Ausgrabungen wurden dagegen eher unwissenschaftlich durchgeführt. Zahlreiche Inschriften und Papyrusrollen wurden bei der ehrgeizigen Suche nach eindrucksvolleren Altertümern zerstört, und den skrupellosen Händlern war es egal, wie sie Zugang zu den Grabstätten erlangten.
Ein Franzose namens Auguste Mariette, der für den Louvre Antiquitäten sammelte, sah die Notwendigkeit, eine willkürliche Plünderung der Stätten zu verhindern, und sorgte für die Errichtung einer entsprechenden Dienststelle. Mariette stellte sicher, dass nur qualifizierten Gelehrten Ausgrabungsgenehmigungen ausgestellt wurden. Er gründete auch das Museum von Kairo. Einen neuen Maßstab für ordnungsgemäß und wissenschaftlich durchgeführte Archäologie setzte W. M. F. Petrie, der in ganz Ägypten Ausgrabungen vornahm und zwischen 1881 und 1925 fast jedes Jahr einen detaillierten Bericht mit einer genauen Analyse der Funde veröffentlichte.

Das Tal der Könige

In den 1870-er Jahren wurde bei Theben ein Steinbruch entdeckt, in dem die Mumien der meisten Pharaonen des Neuen Reiches gefunden wurden. Sie waren im Altertum von Priestern aus ihren ursprünglichen Grabstätten ent-

Rechts: Frontispiz des Werkes Description de l'Egypte *(1809–1830): Darstellung französischer Soldaten inmitten der antiken Ruinen.*

Oben: W. M. F. Petrie (1853–1942), der aktivste der in Ägypten arbeitenden Archäologen, bereitete neuen wissenschaftlichen Methoden den Weg und veröffentlichte rund 1000 Werke.

nommen und hier erneut beigesetzt worden, womit einer Grabschändung vorgebeugt werden sollte. Die Archäologen richteten ihre Aufmerksamkeit auf die Erforschung des Tals der Könige bei Theben, um die ursprünglichen Grabstätten ausfindig zu machen.
Howard Carter, ehemaliger Assistent von Petrie, begann dort im Jahre 1912 unter der Schirmherrschaft von Lord Carnarvon mit seinen Ausgrabungen. 1922 entdeckte er das Grab des Tutanchamun, das erste Pharaonengrab, das in praktisch unversehrtem Zustand aufgefunden wurde. Die unvorstellbare Fülle an Gold und die großartige handwerkliche Kunst, die sich an diesem Schatz zeigte, löste eine Flut von Medienberichten aus.

Siedlungsgebiete

Neben den Grabstätten waren auch Siedlungsgebiete Ausgrabungsgegenstand der Archäologen, wodurch Kenntnisse über den Lebensalltag der Ägypter gewonnen werden sollten. Die bedeutendsten Funde auf diesem Gebiet wurden in der alten Stadt El-Amarna und im Arbeiterdorf Deir el-Medina gemacht. In El-Amarna entdeckte ein deutsches Team unter der Leitung von Ludwig Borchardt bei der Ausgrabung einer Bildhauerwerkstatt die berühmte Nofretete-Büste. Groß angelegte archäologische Untersuchungen waren für die Ägyptologie von großer Bedeutung – Norman de Garis Davies (1865–1941) machte hier den Anfang. Er wurde der wichtigste Kopist ägyptischer Grabstätten und veröffentlichte mehr als 25 Bände allein über Grabstätten, während seine Ehefrau wunderbare farbige Reproduktionen der Wandgemälde anfertigte.
Die wichtigste Arbeit dieser Art in der Nachfolge Davies stammt von der Universität Chicago, die bei Luxor einen Standort bezog. Diese von James Breasted gegründete Organisation veröffentlichte einen umfangreichen Bericht über die beeindruckenden Tempel von Medinet Habu und Abydos.

Oben: Auguste Mariette (1821–1881) gründete die ägyptische Dienststelle für Altertümer und das Museum von Kairo. Er leitete viele bedeutende Ausgrabungen und veröffentlichte zahlreiche Werke auf dem Gebiet der Archäologie.

Darüber hinaus wurden zahlreiche spezialisierte Gesellschaften gegründet, die die Ausgrabungen in Ägypten fördern und regelmäßig Journale herausgeben. Eine der bekanntesten Gesellschaften ist die »Egypt Exploration Society«, die bemerkenswerte Erfahrung in der Geländearbeit aufweist und ihre Mitglieder kontinuierlich über den aktuellen Stand der Forschung auf dem Gebiet der Ägyptologie informiert.

Bedrohte Schätze

Die Schätze des Tutanchamun wurden zwar dem Museum von Kairo übergeben, seit dieser Entdeckung jedoch erteilt die ägyptische Regierung Ausgrabungsgenehmigungen nur sehr zögerlich. Ägypten ist verständlicherweise darauf bedacht, nicht noch mehr von seinem Kulturerbe zu verlieren, und für Gelehrte und Museen ist es schwierig geworden, an finanzielle Unterstützung zu gelangen, da sie nicht behalten dürfen, was sie ausgegraben haben.

Seit den 1950-er Jahren führten ägyptische Universitäten und die ägyptischen Organisationen für Altertümer an vielen Orten selbst Ausgrabungen durch. In den 1960-er Jahren jedoch bat Ägypten die Welt um Hilfe bei der Rettung der einzigartigen nubischen Bauwerke, die durch den Bau des Assuanhochdamms von der Überflutung bedroht waren. Ein internationales Konsortium wurde gebildet, um den riesigen Tempel von Abu Simbel und weitere Bauwerke auf eine höhere Ebene zu versetzen. In Folge dieses Rettungsprojektes wurden detaillierte Untersuchungen der von der Überflutung bedrohten Stätten sowie anderer bedeutender Örtlichkeiten in Nubien durchgeführt. Heute behandeln die Gelehrten die Studien über Nubien als separaten Bereich der Ägyptologie, wobei sich die aktuelle Forschung auf die frühesten Siedlungsgebiete und das Königreich von Meroe bezieht, das bis ins 4. Jahrhundert n. Chr. bestand.

Die Sprache

Die Arbeit in Ägypten selbst macht nur einen kleinen Teil der Ägyptologie aus. Es war für die Ägyptologen stets von großer Bedeutung, die Sprache zu verstehen; vieles können sie dabei aus dem Studium der zahllosen Texte lernen, die auf Bauwerken aus Stein, auf Papyrus sowie auf Ton- und Kalkstein-Scherben erhalten geblieben sind.

Das beste Lehrbuch zum Erlernen der Sprache ist die berühmte *Egyptian Grammar* von Alan Gardiner. Diese Grammatik wurde zum ersten Mal im Jahre 1927 veröffentlicht und hat seither Generationen von Ägyptologen zum Studium der Hieroglyphenschrift befähigt. Große Fortschritte wurden inzwischen beim Lesen der schwierigen demotischen Schrift erzielt. Hierdurch können neue Erkenntnisse über die alten Ägypter gewonnen werden.

Die moderne Ägyptologie

Heutzutage kann das alte Ägypten an Universitäten, anderen Hochschulen, Schulen und Erwachsenenbildungsinstituten studiert werden. Ägyptologie kann als einzelnes Fach oder in Kombination mit alter Geschichte, Archäologie, Kunstgeschichte, klassischen oder anderen Sprachen gewählt werden. Viele Museen, Gesellschaften und Institute zur Erwachsenenbildung bieten Vortragsreihen an. Ägypten selbst wird bei den Touristen immer beliebter und als Reiseland immer preisgünstiger. Einige Reiseunternehmen bieten spezi-

Ganz oben: Howard Carter und sein Archäologenteam im Tal der Könige unmittelbar vor ihrer berühmten Entdeckung im Jahre 1922

Oben: Der Tempel von Abu Simbel, vom schottischen Künstler und Reisenden David Roberts (1796–1864).

elle Studienreisen einschließlich Nilkreuzfahrten an, die von Ägyptologen und Experten begleitet werden. Den Ägyptologen heute steht im Vergleich zu früher sehr viel mehr Studienmaterial zur Verfügung. Dank einer verbesserten Dokumentation der Kunst- und Gebrauchsgegenstände per Computer sowie umfangreicher Foto-Archive wurde darüber hinaus die Untersuchung von Museumskollektionen erheblich verbessert. Aktuelle Erkenntnisse im Hinblick auf die Datierung und Analyse des Materials können häufig durch Anwendung der neuesten wissenschaftlichen Techniken gewonnen werden. Der internationale Kontakt wird durch Fachkonferenzen und durch den derzeitigen Boom von Leihausstellungen mit ägyptischen Altertümern gefördert.

Das alte Ägypten erstreckt sich über einen langen Zeitraum und über ein gewaltiges geografisches Gebiet. Obwohl von den Ägyptologen schon sehr viel erreicht wurde, ist doch über manche Epoche und manchen Pharao sehr wenig oder gar nichts bekannt.

Oben: In Ägypten selbst stehen nur noch wenige Obelisken, auf öffentlichen Plätzen in den Hauptstädten Europas und Amerikas befinden sich jedoch über 50 davon. (David Roberts, Lithograph, ca. 1846)

Oben: Reisekatalog der 1920-er Jahre. Da die wichtigsten Sehenswürdigkeiten vom Fluss aus leicht zugänglich sind, ist eine Kreuzfahrt auf dem Nil die geruhsamste Art, Ägypten zu erkunden.

Links: Das Grab der Königin Nofretete – Aquarell von Nina Davies (1881–1965). Zeugnisse wie dieses sind von unschätzbarem Wert, da viele Grabgemälde seit ihrer Entdeckung erheblich gelitten haben.

Das Leben im alten Ägypten

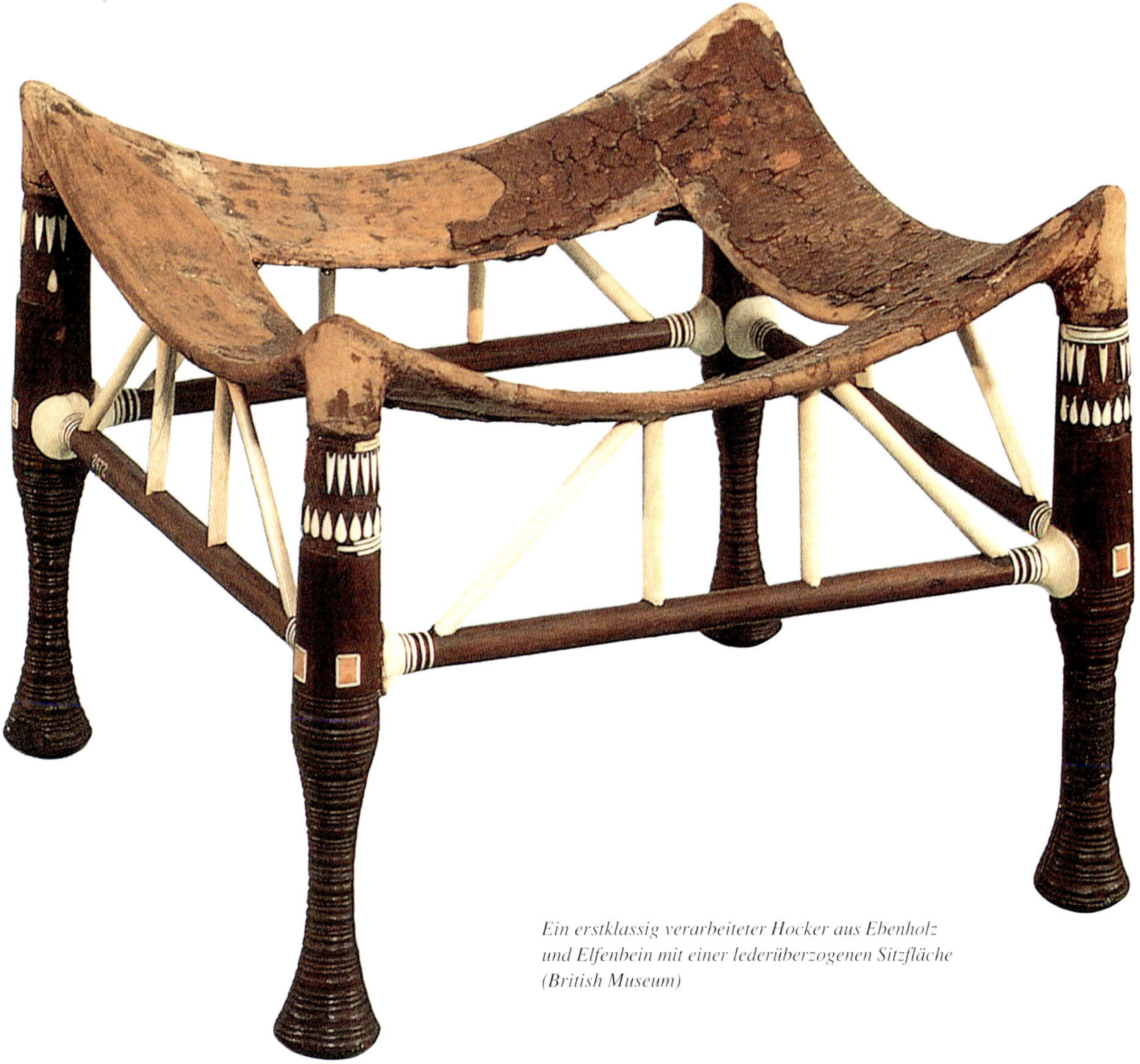

Ein erstklassig verarbeiteter Hocker aus Ebenholz und Elfenbein mit einer lederüberzogenen Sitzfläche (British Museum)

Anhand der Gebrauchsgegenstände und Wandgemälde, die in altägyptischen Gräbern zu finden sind, kann man viel über das Leben der alten Ägypter lernen. Sie glaubten, dass diese Zeugnisse ihrer Arbeit und Freizeit ihnen im Leben nach dem Tod von Nutzen sein könnten. Viele Gräber und Tempel aus alter Zeit haben überdauert, weil sie aus Stein gebaut wurden; dagegen sind nur wenige Häuser erhalten geblieben, weil diese aus leicht vergänglichen Materialien, wie Schlammziegeln, bestanden. Heutzutage wird dieses Material als Dünger verwendet. Viele der Städte und Dörfer blieben bis in die heutige Zeit kontinuierlich bewohnt; Häuser wurden häufig neu aufgebaut und die Bausubstanz wieder verwertet. Viele moderne ägyptische Dörfer sind den alten Dörfern wahrscheinlich sehr ähnlich – nicht nur im Hinblick auf ihren Baustil, sondern auch auf den Lebensstil ihrer Bewohner. Das Ergebnis der Ausgrabungen von alten Siedlungen kann wunderbar Aufschluss geben über das tägliche Leben der einfachen Leute.

Die ägyptischen Städte hatten in der Regel zwei Funktionen: Sie waren Regierungs- und Handelszentren. Ägypten war regierungs- und steuertechnisch in 42 Bezirke, die so genannten »Gaue«, aufgeteilt. In jedem Gau gab es eine Hauptstadt. Darüber hinaus fungierten bestimmte größere Städte, wie Memphis und Theben, im Laufe der ägyptischen Geschichte als Hauptstädte des Reiches. Sowohl in Memphis als auch in Theben ließen die Pharaonen prächtige Paläste errichten.

Wohnstätten der Götter

Viele Städte waren außerdem die Wohnstätte eines Gottes, oder wurden – so besagte es die ägyptische Religion – regelmäßig von einem Gott besucht. Die Ägypter glaubten an viele lokale Götter, an »Geister des Ortes«, die oft die Gestalt typischer Tiere der Region annahmen. Beispielsweise war der Gott mit dem Falkenkopf, Horus, den Bewohnern von Heliopolis besonders heilig.

Andere Städte beherbergten die Schreine bedeutender – nationaler – Götter. In Theben befand sich beispielsweise eine großartige Tempelgruppe, die dem Gott Amun geweiht war. In der Wüste hinter dem gegenüberliegenden Flussufer lagen viele Königsgräber. Nicht weit von Theben, an einem Ort, der heute als El-Amarna bekannt ist, ließ Pharao Echnaton eine neue Hauptstadt, »die Stadt der Sonnenscheibe«, erbauen. Die religiösen Reformen, die er durchgesetzt hatte, wurden jedoch nach seinem Tod verworfen, und die schöne neue Stadt wurde verlassen und dem Verfall preisgegeben.

Insbesondere Memphis war ein großes Handelszentrum. Händler aus vielen Ländern – Syrien, Palästina, Libyen, Phönizien, Zypern und Sizilien – kamen dort im geschäftigen Hafen zusammen, trieben Handel, ließen sich nieder und bildeten so eine internationale Handelsgemeinschaft. Ägyptische Händler erwarben Kupfer, Weihrauch und Halbedelsteine wie Türkise und Lapislazuli, Holz für die Erbauung von Tempeln und Schiffen sowie Zedernholz. Im Gegenzug exportierten sie Getreide, Linsen, Papyrus und Leinen. Da es keine allgemeine Währung oder Geld gab, trieben die internationalen Händler vermutlich Tauschhandel mit ihren unterschiedlichen Waren und Erzeugnissen.

Oben: Das Arbeiterdorf in Deir el-Medina, einer der wichtigsten altägyptischen Ausgrabungsorte. Hier wird die Lebensweise der einfachen Arbeiter ersichtlich.

Die beiden bedeutendsten altägyptischen Ausgrabungsstätten sind die Stadt des Königs Echnaton in El-Amarna und das Dorf der Arbeiter, die die Gräber im Tal der Könige bei Deir el-Medina erbauten. Dieses Dorf ist über vier Jahrhunderte gewachsen. Ursprünglich waren die nach einem gleichmäßigen Schema angelegten Straßen und Häuser von rechtwinkligen Mauern umgeben.

Ägyptische Häuser

Ein typisches Haus hatte drei Haupträume, einen Hof, der als Küche diente, und zwei Keller als Lagerräume. Oft wurden Nischen für religiöse Steininschriften, für Bilder von Hausgöttern oder für Büsten von Familienvorfahren in die Wände eingelassen. Viele Häuser wurden den individuellen Bedürfnissen oder Tätigkeiten angepasst; in einigen Häusern befanden sich auch Arbeitsräume und Werkstätten. Die vornehmeren Häuser in El-Amarna verfügten über zwei Stockwerke sowie Kellerlagerräume und manchmal auch über eine Empfangshalle, eine Küche, Dienerunterkünfte oder sogar über Badezimmer und Toiletten. Einige gemauerte Häuser hatten auch einen Garten mit Fischteich und Bäumen, die für Schatten sorgten.

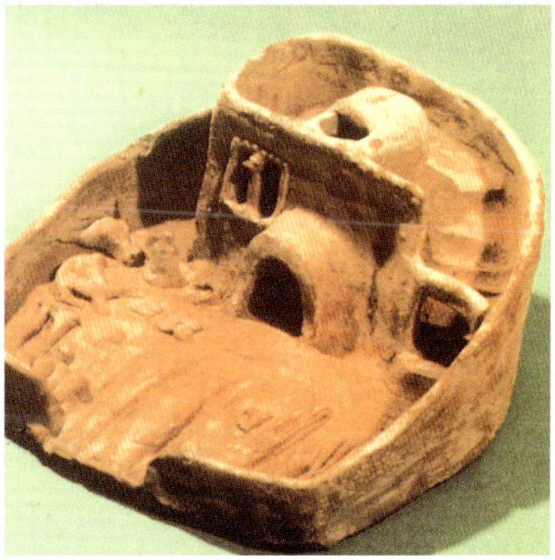

Rechts: Getöpfertes Grabmodell eines Hauses mit einem Dach und einem Fenster, das als Belüftungsöffnung dient. Im Vorhof befinden sich diverse Lebensmittelvorräte. Ca. 1900 v. Chr. (British Museum)

Wohnungen – damals und heute

Von den zahlreichen, großartigen Bauweisen, die die Ägypter erfanden, werden viele noch heute angewandt.
Oben: Schlammziegelbögen in Lagerräumen, gebaut in Theben vor ca. 3100 Jahren.
Unten: Ein modernes Gebäude in der Nähe von Luxor, bei dem sehr ähnliche Techniken angewandt wurden.

Das Mobiliar bestand aus Betten, kleinen Tischen, Hockern und Holztruhen für Utensilien und Schmuck. Die Innenräume waren mit Wandbehängen, Matten und Stoffen geschmückt. Wie viele afrikanische Völker benutzten die Ägypter zum Schlafen Kopfstützen statt Kissen. Viele dieser aus Holz, Elfenbein oder Stein gefertigten Kopfstützen sind bis heute erhalten geblieben. Sie bestehen aus einem gebogenen Halsteil auf einer Stütze, die auf eine rechteckige Basis gesetzt wurde.

Das Haus war darüber hinaus mit Lampen ausgestattet – einfache Schalen aus Ton oder Stein, versehen mit Docht und Öl. Die Ägypter verwendeten auch Tonfackeln, die in Wandhalter gestellt werden konnten. In Küchen und Kellern waren Lehmöfen und riesige Vorratsgefäße für Wein, Öl und Korn zu finden.

Das Leben der Arbeiter

Die Arbeiter, die in Deir el-Medina lebten, waren Steinmetze, Gipser, Bildhauer, Zeichner, Maler und Zimmermänner. Überreste ihrer Häuser, Gräber, Kapellen, Rasthäuser und des Hausmülls sind erhalten geblieben. Viele Schriftstücke wurden gefunden, in denen es um die Fortschritte bei der Arbeit geht; es existiert dort sogar der erste Beleg für einen Streik, der durch eine Zahlungsverzögerung der Arbeiterlöhne verursacht wurde. Die Männer arbeiteten an acht von zehn Tagen; sie lebten in Hütten oberhalb des Tals der Könige und kehrten jeweils an den beiden Ruhetagen in das Dorf zurück. Da Anwesenheitslisten erhalten geblieben sind, weiß man, dass die Arbeiter oft außer der Regel fehlten. Die Arbeitstage gingen verloren durch Bierbrauen, Trinken und den Hausbau; darüber hinaus gab es viele religiöse Feiertage.

Eine Tonlampe, die zum Kochen, zur Herstellung von Kosmetika und zur Beleuchtung verwendet und mit Olivenöl betrieben wurde.

Die Löhne wurden in Weizen, Fisch, Gemüse, kosmetischen Ölen, Brennholz, Keramik und Kleidung gezahlt. Die Arbeiter machten sich gegenseitig ihre Fähigkeiten zunutze und bauten für sich selbst reich verzierte Grabstätten. Darüber hinaus gab es viele Möglichkeiten, private Aufträge für reiche Einwohner Thebens auszuführen.
Viele juristische Dokumente aus Deir el-Medina, in denen es um Verbrechen und Urteile, Erbschaften und Geschäftsabschlüsse ging, sind erhalten geblieben. Die alten Ägypter besaßen ein Rechtssystem mit Gerichtshöfen und Richtern und einer großen Bandbreite an Strafen. Es existierte eine Art Polizei, im Unterschied zur Armee, die oft mit dressierten Hunden arbeitete. Zeugenaussagen wurden unter Eid geleistet; die Dokumente weisen oft Unterschriften von Zeugen auf. Sie wurden durch ein Siegel legalisiert und in einem Archiv oder Tempel aufbewahrt.

Im alten Ägypten existierten Schulen, jedoch nur für die Ausbildung zukünftiger Schreiber und Beamter, für die Priesterschaft oder Staatsverwaltung, welche ausschließlich männlich waren. Die königliche Familie verfügte über spezielle Privatlehrer, und die einfache Bevölkerung wurde zu Hause ausgebildet. Der Tradition nach gab der Vater an seinen Sohn Ratschläge und Berufsgeheimnisse zu seinem Gewerbe oder Handwerk weiter. Für Handwerker wie auch für Beamte gab es ein Ausbildungssystem.

Bewirtschaftung des Landes

Die Mehrzahl der Bevölkerung war in die Landarbeit eingebunden. Für die Instandhaltung der Bewässerungssysteme oder königliche Bauvorhaben wurden Arbeitskräfte eingezogen. Diese Einziehung galt für alle, jedoch konnten privilegierte Beamte sie umgehen, indem sie andere dafür bezahlten,

Links unten: Bemaltes Holzmodell eines pflügenden Mannes (British Museum)

Rechts unten: Reiche Ägypter hatten viele Diener, sowohl Männer als auch Frauen. Diese anmutige Statue zeigt eine Dienerin, die eine schwere Kiste trägt; ca. 2020 v. Chr.

Oben: Bemaltes Holzmodell: Brothersteller, ca. 2000 v. Chr. (British Museum)

Gegenüber: Blau glasierter Becher in Form einer Lotusblüte (British Museum)

an ihrer Stelle zu arbeiten. Ausländische Kriegsgefangene und Verbrecher wurden für schwerere Arbeiten wie den Steinabbau auch in Arbeiterkolonnen eingesetzt.
Die eingezogenen Arbeiter erhielten keine Bezahlung für ihre Dienste, es wurde nur für ihren Lebensunterhalt gesorgt. Selbst die ärmsten Kleinbauern und Hausdiener waren keine Sklaven im üblichen Sinne des Wortes. Alle Ägypter hatten gesetzlich verankerte Rechte und Besitzrechte. Es bestand kein Bürgerschafts- oder Sklavereisystem, wie es bei den Griechen und Römern festgelegt war. In der ägyptischen Gesellschaft wurde nie eine wirkliche Mittelschicht hervorgebracht, und die soziale Struktur bestand in einer Hierarchie von Beamten, in der jeder letztlich dem Pharao diente, der den Staat verkörperte.

Produktion und Handel

Die Bewirtschaftung des Landes war lebensnotwendig. Zusätzlich zum Getreide wurde Flachs in großen Mengen angepflanzt, der zu Garn gesponnen und schließlich zu Leinen

gewebt wurde. Riesige Viehherden wurden gezüchtet. Zum Viehbestand gehörten außerdem Schafe, Schweine und Esel. Überschüssige Agrarprodukte sowie Leinen wurden von der königlichen Regierung, die den Handel steuerte, exportiert.
Auf den Märkten wurde Tauschhandel getrieben. Die alten Ägypter kamen in ihrer langen Geschichte ohne Münzen aus. Sie verfügten über ein Bewertungssystem für Vorräte und gefertigte Produkte in verschiedenen Einheiten, die festgelegten Mengen an Gold, Silber oder Kupfer entsprachen. Die Bezahlung konnte entweder in bestimmten Gewichten oder Ringen des Metalls selbst (im Gegensatz zu Münzen trugen diese Stücke keine offizielle Kennzeichnung als Wertgarantie) oder in Handelsware, wie landwirtschaftlichen Erzeugnissen oder Vieh, erfolgen.

Familienleben

Die Familie stellte den Kern der ägyptischen Gesellschaft dar. Für viele Ägypter, vor allem für die Frauen, war das Familienleben wichtig, da ihr Zuhause gleichzeitig ihr Arbeitsplatz war. Im Haus wurde von den Frauen und ihren älteren Töchtern gekocht, geputzt und auf kleine Kinder aufgepasst. In den Höfen ihrer Häuser mahlten sie Getreide, trockneten Fisch, rupften Wasservögel, buken Brot und brauten Bier. In arbeitsreichen Zeiten halfen Frauen auf den Feldern. Hierzu gehörte das Unkrautjäten auf den Getreidefeldern, das Füttern der Tiere und das Einbringen der Ernte. Sie spannen außerdem Garn und webten grobe Stoffe für die Kleidung der Familie. Ägyptische Frauen stellten den Großteil der Kleidung für die Familie selbst her.

Kurzes Leben

Die Lebenserwartung der Ägypter war sehr gering. Die Lebenserwartung betrug damals im Durchschnitt nur 20 Jahre, was bedeutet, dass viele Menschen sehr jung starben, manche vielleicht 30 oder 40 Jahre alt wurden und einige wenige noch etwas älter. Exakte Zahlen liegen nicht vor, aber es ist wahrscheinlich, dass viele – wenn nicht sogar die meisten – Kinder unter fünf Jahren starben.
Diese Ziffern wirkten sich insofern auf das Familienleben aus, als die Menschen viel früher heirateten; Tutanchamun ging zum Beispiel schon mit zehn Jahren die Ehe ein. Die Bedrohung durch Krankheit, die durch Ratten, Mäuse und Insekten in ägyptische Häuser getragen wurde, war allgegenwärtig. Mit Hilfe von Mumien konnte belegt werden, dass die Ägypter an diversen Krankheiten litten, die allesamt durch Tiere übertragen wurden – von Durchfällen, Würmern und Entzündungen bis hin zum Erblinden.

Liebe und Heirat

Frühe Heirat und Elternschaft wurden gefördert. Viele Hochzeiten wurden wahrscheinlich arrangiert, jedoch lassen erhalten gebliebene romantische Liebesgedichte darauf schließen, dass auch etwas Wahlfreiheit bestand. Geheiratet wurde meistens innerhalb derselben gesellschaftlichen Schicht, und Familienverbindungen zwischen Onkeln und Nichten oder Cousins und Cousinen waren üblich. Die Bezeichnungen »Bruder« und »Schwester« wurden in Schriftstücken häufig einfach als Kosename verwendet, was zu dem Missverständnis führte, es habe unter den Ägyptern Inzest gegeben. Es gab weder religiöse noch staatliche Trauungszeremonien, doch fanden Familienfestlichkeiten statt, um das Ereignis gebührend zu begehen.
Eine Heirat war ein privates Rechtsabkommen, bei dem die Rechte beider Seiten auf Lebensunterhalt und Besitz durch einen Vertrag geregelt wurden. Folglich herrschte hinsichtlich des Erhalts und Eigentums von Gütern sowie des Umgangs damit Gleichberechtigung zwischen Männern und Frauen. Im Falle einer Scheidung wurden die Rechte der Ehefrau ebenso gewahrt wie die des Mannes. In einigen Epochen der ägyptischen Geschichte besaßen selbst Frauen, die Ehebruch begangen hatten, bestimmte Rechte auf Lebensunterhalt von ihren ehemaligen Ehemännern. Trotz der Möglichkeit der Scheidung waren Ehen nicht unbedingt von kurzer Dauer; es mangelte offensichtlich auch nicht an Zuneigung. Viele Statuen und Wandgemälde stellen verheiratete Paare dar, die sich einander liebevoll zuwenden, und die erhaltene Literatur der alten Ägypter weist oft auf ehrliche emotionale Bindungen hin.

Essen

Der durchschnittliche ägyptische Kleinbauer lebte wahrscheinlich von ein paar Stücken Brot, einem Krug Bier und ein paar Zwiebeln täglich. Brot war immer Hauptnahrungsmittel, und in der Epoche des Neuen Reiches existierten mehr als 40 verschiedene Brotsorten.

Die Ägypter kannten 15 verschiedene Wörter für Brot. Die Formen der Laibe variierten: Manche waren oval, manche rund, andere wiederum kegelförmig. Das Brot wurde aus einer frühen Form von Weizen hergestellt, dem Emmer, der zwischen Mühlsteinen oder in einer Handgetreidemühle gemahlen wurde. Ägyptisches Brot wurde ohne Hefe gebacken, es war also flach und verdarb schnell. Es könnte ähnlich ausgesehen haben wie das flache Pitabrot, das es heute zu kaufen gibt. Manchmal wurden verschiedene Mehlsorten und Honig, Milch und Eier hinzugefügt.

Neben dem Getreide, aus dem Brot hergestellt wurde, brachte der fruchtbare Boden um den Nil eine Vielzahl an frischen Obst- und Gemüsesorten hervor. Dazu zählten Melonen, Lauch, Zwiebeln, Rettiche, Knoblauch und Gurken. An Früchten gab es unter anderem Feigen, Datteln, Granatäpfel und Weintrauben. Die Höfe lieferten Milch und Milchprodukte sowie Eier, die künstlich bebrütet wurden. Eine große Rolle in der ägyptischen Ernährung spielte Honig aus der Bienenzucht als Zuckerersatz.

Weitere Hauptnahrungsmittel waren Bohnen, Zwiebeln und getrocknetes Fleisch. Es gab Fleisch von Rindern, Ziegen, Hammeln, Schweinen, Gänsen und Tauben. Wilde Vögel wie Gänse und Enten wurden gefangen und verzehrt. Jedoch hielt sich Fleisch in dem heißen Klima nicht und musste schnell konsumiert werden, weshalb es von den meisten Menschen vermutlich nur an religiösen Feiertagen verzehrt wurde. Fisch wurde häufiger gegessen, vor allem von den Bewohnern der Sumpfgegenden.

Metall war im alten Ägypten sehr kostbar. Schalen und Töpfe zum Kochen wurden daher aus Ton hergestellt. Die Ägypter aßen von Tellern aus Tonwaren, die manchmal mit langen Mustern verziert waren. Für die Lagerung von Öl, Wein, Bier und Wasser wurden Tonkrüge verwendet.

GETRÄNKE

Zum Trinken gab es Flusswasser, Bier sowie Wein für die Reichen. Das beliebteste Getränk war Bier. Es war vermutlich gesünder als einfaches Wasser, da der darin enthaltene Alkohol wie ein leichtes Desinfektionsmittel wirkte.

Oben: Bemaltes Holzmodell einer Frau, die ein Tablett mit Kuchen trägt.

Unten: Dieses Messer aus Feuerstein wurde zur Zubereitung von Speisen verwendet. Seine Schneide ist erstaunlich scharf.

Rechts: Metall war im alten Ägypten sehr kostbar. Schalen und Töpfe zum Kochen wurden daher aus Ton hergestellt.

Ganz rechts: Dieses Korbsieb wurde zum Filtern von Getränken verwendet, die so grob waren, dass sie ungefiltert nicht trinkbar waren, z. B. Bier.

Bierherstellung aus Brot

Oben: Dieses Modell zeigt die Bierherstellung. Der Brauer bückt sich über ein riesiges Tonfass und rührt Brocken von halbgebackenem Brot in das Flusswasser ein.

Rechts: Männer beim Traubenpflücken für die Weinherstellung. Ausschnitt eines thebanischen Grabbildes.

Hergestellt wurde das Bier aus Gerste, die gemahlen, geknetet und mit viel Wasser verrührt wurde, was einen Teig ergab, der dann wie Brot kurz gebacken wurde. Der Brauer verwendete ein riesiges Tonfass, um darin Brocken des halbgebackenen Brotes mit Flusswasser zu verrühren. Oft wurde dieser Vorgang von Männern durchgeführt, die im Fass standen und Brot und Wasser mit den Füßen zerstampften. Nach dem Mischen wurde die Flüssigkeit in der Sonne stehen gelassen, bis sie gärte. Gefundene Bierfilter weisen darauf hin, dass sie anschließend gefiltert und in Tonkrügen in der Sonne aufbewahrt wurde.
Obwohl die meisten Aufgaben im Haushalt von den Frauen übernommen wurden, scheint die Brauerei, den Modellen und Schnitzereien nach zu urteilen, eine männliche Domäne gewesen zu sein. Die Ägypter stellten außerdem Wein her, und verschiedene Regionen waren für ihre Qualität bekannt. Der Wein wurde in Tonkrügen aufbewahrt, die mit einem Schild über Herkunft, Hersteller und Datum versehen waren. Es gab viele Berichte über Trunkenheit, besonders nach übermäßigen Festessen und Feiern.

Feiertage und Feste

Das Essen spielte bei religiösen Festen und jahreszeitlichen Feiern eine große Rolle. Malereien in Gräbern zeigen Pharaonen und reiche Familien, die bei gebratener Ente,

Rindfleisch, Honigkuchen, Früchten und Wein feiern. Nicht jeder konnte sich diesen Luxus leisten. Bei einem Fest wurden die Gäste von Dienern bewirtet und von Musikern, Akrobaten und Tänzerinnen unterhalten.

KLEIDUNG

Über die Kleidung der alten Ägypter weiß man eine ganze Menge, da sie in zahllosen Skulpturen und Zeichnungen dargestellt ist. Auch viele echte Kleidungsstücke wurden unter den Grabartefakten entdeckt. Eine große Anzahl von Textilien wurde im Grab von Tutanchamun gefunden, darunter über hundert Lendenschurze und um die dreißig Handschuhe für Wagenführer. Das weltweit älteste erhaltene Kleid aus genähtem Leinen wurde in Tarkhan in Ägypten entdeckt und stammt aus dem Jahre 2800 v. Chr. Normalerweise wurde für die Kleidung weißes Leinen verwendet, da es kühl und leicht zu tragen war. Kleidungsstücke wurden oft sorgfältig gefältelt und – mit einem Minimum an Stichen – eher um den Körper gehängt als zugeschnei-

Unten: Eine Gruppe von Musikerinnen, die Harfe, Laute, Flöte und Leier spielen

Rechts: Eine Frau in einem Kleid nach Art der Bekleidung von Beamten und Würdenträgern, Ende des Mittleren Reiches (British Museum)

Ganz rechts: Kosmetikkiste einer Frau mit einer Auswahl an Kosmetikgefäßen, Toilettenartikeln und einem Paar Sandalen (British Museum)

dert. Es wurden einfache, knöchellange Mantelkleider getragen. Im Neuen Reich waren die Kleider häufig stärker gefältelt; darüber hinaus kamen Fransen in Mode. Manchmal trugen die Frauen auch noch einen eleganten, stark gefältelten Mantel mit Fransen.
Männer trugen normalerweise einen kurzen Kilt aus einem rechteckigen Stück Leinen, das um den Körper gewickelt und in der Taille zusammengebunden wurde. Manchmal wurde der Kilt vorne gestärkt, so dass eine Art Schürze entstand. Bei kühleren Temperaturen trugen die Männer vermutlich einen Umhang. Arbeiter trugen nur einen Lendenschurz, während Kinder oft nackt dargestellt werden.

PERÜCKE

Oben: Diese Statue zeigt eine Frau mit einer kurzen Perücke, wie sie für die alten Ägypter typisch war.

Die Reichen verfügten über eine Art Wäschereibetrieb mit peinlich genauen Wasch- und Fältelmethoden. Zahlreiche Wäschelisten und Kleiderkennzeichnungen sind erhalten geblieben. Es wurden auch Sandalen aus geflochtenem Schilf, Gras oder Leder getragen, die manchmal wie türkische Pantoffeln nach oben hin gebogen waren.
Kunstvoll gearbeiteter und farbenprächtiger Schmuck bildete einen Kontrast zu der im Allgemeinen einfachen Kleidung. Schmuckstücke wurden zur persönlichen Zier und zum Schutz gegen das Böse getragen. Die charakteristischste Schmuckart war das Kollier, das sich aus zahlreichen Perlensträngen zusammensetzte. Hierfür wurden herrliche Steine wie Karneol, Jaspis und Lapislazuli verwendet. Es wurden Armbinden, Armbänder, Fußringe oder auch Fingerringe mit Siegel getragen. Im Neuen Reich hatten sowohl Männer als auch Frauen Ohrlöcher, und eine große Vielfalt an Ohrringen und Ohrknöpfen hat bis heute überdauert. Skulpturen und Wandgemälde zeigen unzählige Frisuren, wobei die Mode der einzelnen Epochen variiert. Männer hatten normalerweise einen runden Haarschnitt, der ihrer Kopfform angepasst war, und waren gewöhnlich glatt rasiert. Seit frühester Zeit wurden in Ägypten Rasierklingen verwendet. Die Priester sowie die wohlhabenderen Männer und Frauen, die Perücken trugen, rasierten ihre Schädel. Die Perücken bestanden hauptsächlich aus Echthaar, das mit Pflanzenfasern verdichtet wurde.

KOSMETIK

Die Ägypter liebten Kosmetika. Männer, Frauen und Kinder benutzten als Gesichtsschminke den so genannten *kohl*, mit dem sie einen dunklen Strich um die Augen zeichne-

Rechts: Holzkiste mit Einlegearbeiten aus farbigem Elfenbein und eine Auswahl an typischen ägyptischen Schmuckstücken und Amuletten (British Museum)

ten. *Kohl* diente nicht nur der Zierde, sondern schützte die Augen auch vor Infektionen und vor dem grellen Sonnenlicht. Roter Ocker wurde zum Bemalen der Wangen und wahrscheinlich auch als Lippenstift verwendet, während Henna zum Haarefärben diente. Zahlreiche Spiegel aus Bronze sind erhalten geblieben, darüber hinaus eine Vielzahl an Kosmetikgefäßen, Löffeln und Applikatoren.

Ägyptische Toilettenartikel

Papyri aus dem Bereich der Medizin enthalten Rezepte für Cremes und Öle, um die Haut weich und geschmeidig zu erhalten. Parfüms erfreuten sich großer Beliebtheit und wurden auch von Männern benutzt. Manche Parfüms erforderten eine monatelange Zubereitungszeit. Bei Festessen trugen Frauen eine Art Weihrauchkegel auf dem Kopf, um ihre Perücke und Kleidung zu parfümieren.

Unten: Ein Elfenbeinbehälter, in dem kohl *aufbewahrt wurde, und eine Schminkpalette zum Mischen der Lidschattenfarbe*

Rechts: Die Pharaonen und ihre Frauen trugen mit Vorliebe prächtige Kleider, Schmuck, Perücken und Schminke.

Kunst und Handwerk

Technisches Geschick wurde überaus bewundert. Allerdings wurde keine Unterscheidung zwischen Künstlern und Handwerkern getroffen, und somit blieb Kunst in der Regel anonym. Handwerker wurden vom König oder von den Tempelbeamten eingesetzt. Wie die ägyptischen Bauern erzielten auch sie große Erfolge mit Hilfe sehr einfacher Werkzeuge und erreichten bei der Herstellung von Meißelarbeiten, Statuen, Schmuck und anderen Dekorobjekten ein hohes Qualitätsniveau. Ihre beeindruckendsten Leistungen vollbrachten sie im Bereich der Bildhauerei, und zwar sowohl bei der Rundplastik als auch bei gemeißelten Reliefs. Darüber hinaus beherrschten sie frühzeitig die Kunst der Herstellung von hervorragenden Steingefäßen. Die Präzision der alten Ägypter beim Zimmerhandwerk war außerordentlich groß. Holz wurde durch Keilzinkenverbindungen, Schrägschnitte, Zapfenverbindungen und Dübel zusammengefügt. Zu den üblichen Dekorationsformen zählten Einlegearbeiten und Furniere, außerdem waren die Ägypter das erste Volk, das Sperrholz verwendete. Ihre Werkzeuge, die vermutlich aus Kupfer gefertigt waren, umfassten Äxte, Sägen, Meißel und Bohrer. Das Holz, von dem ein großer Teil importiert war, stammte von Zedern, Maulbeerfeigenbäumen, Akazien, Ebenholz und Palmen.

Bearbeitung der Materialien

Metallbearbeiter und Schmuckhersteller bewiesen außerordentliche Fertigkeiten beim Einsatz von Techniken wie Ziselieren, Gravieren, Bossieren, Einlegen, Glasieren sowie bei Filigran- und Emaillearbeiten. Sie konnten Gold zu 0,005 mm dünnen Blättern schlagen, und winzige Edelsteine und Perlen wurden mit einem Bogenbohrer präzise durchbohrt. Kupfer wurde mit Hilfe einer Art Blasebalg geschmolzen, und Bronze wurde unter Einsatz des Wachsgussverfahrens gegossen. Diese Materialien waren unentbehrlich bei der Herstellung von Werkzeugen, Waffen, Utensilien für Rituale und religiöse Statuetten.

Ein weiteres sehr charakteristisches ägyptisches Handwerk war die Herstellung von Glas und Glaswaren. Fayence-Produkte, die für gewöhnlich blaugrün glasiert waren, wurden in großen Mengen und häufig mit Hilfe von Gussformen hergestellt. Die Ägypter waren außerdem in der Lage, Leinen von ausgezeichneter Qualität zu fertigen; die Fertigung eines im Grab des Tutanchamun entdeckten Tuches nahm schätzungsweise ungefähr 3000 Stunden in Anspruch. Mit dem Weben verwandt war die Herstellung von Matten, Körben und Seilen, bei der Schilf, Flachs, Papyrus, Palmfasern und Gras verwendet wurden. Es sind zahlreiche Körbe und Keramikprodukte erhalten geblieben.

Traditionsbewusstsein

In den meisten Epochen der ägyptischen Geschichte gaben sich Künstler und Handwerker damit zufrieden, frühere Stile zu kopieren oder leicht zu verbessern. Sie folgten längst etablierten Traditionen, in denen die Achtung vor Pharaonen und Göttern zum Ausdruck kam. Veränderung allein um der Abwechslung willen wurde nicht besonders geschätzt, viele Menschen zogen vertraute Dinge dem Neuen vor. Dennoch fanden nach und nach Neuerungen statt.

In Memphis und Theben lebten viele gut beschäftigte Handwerker, die alle auf ein bestimmtes Gewerbe spezialisiert waren. Grabmalereien in Theben zeigen eine große Vielfalt an Handwerksberufen. In einem Grab der 6. Dynastie (ungefähr 2200 v. Chr.) findet man Lederverarbeiter, Sandalenhersteller, Stein- und Metallbearbeiter, Wagenbauer, Bildhauer, Zimmermänner, Schmuckhersteller, Schreiber und Bootsbauer abgebildet. Viele dieser Handwerker arbeiteten vermut-

Links: Detail eines thebanischen Grabbildes. Es zeigt hart arbeitende Schmuckhersteller und Zimmermänner.

lich hauptsächlich für Pharaonen oder Händlerfamilien. Wenn jedoch die Dorfbewohner einen Warenüberschuss hatten, reisten sie in die Städte, um ihre landwirtschaftlichen Produkte gegen diese fein gearbeiteten Objekte zu tauschen. In vielen Städten fanden regelmäßig Märkte und gelegentlich Feste statt, die normalerweise mit der Nilschwelle, einer guten Ernte oder einem bevorzugten lokalen Gott in Zusammenhang standen.

Metallbearbeitung

Einige der schönsten ägyptischen Statuen waren aus Bronze gefertigt, so zum Beispiel ein Modell des heiligen Stiers Apis, der in Memphis verehrt wurde. Zur Herstellung einer Statue aus Bronze oder einem anderen Metall gehörten mehrere Arbeitsschritte. Zunächst wurde eine Gussform angefertigt, wozu normalerweise Ton verwendet wurde. Diese Form bestand aus zwei ausgehöhlten Blockhälften, wobei jede Hälfte alle Einzelheiten enthielt, die auf der Oberfläche der fertigen Statue erscheinen würden. Wenn die Form fertiggestellt war, wurden die beiden Hälften mit zusätzlichem Ton zusammengefügt. Anschließend wurde das im Vorfeld gemischte Metall (Bronze ist eine Mischung aus Kupfer und Zinn) über einem heißen Feuer geschmolzen. Sehr vorsichtig wurde es in die Form gegossen, dann ließ man das Metall auskühlen. Schließlich wurde die Form geteilt, und der fertige Guss wurde geputzt und poliert. Geschickte Arbeiter konnten dieselbe Form immer wieder verwenden, um weitere Kopien derselben Statue anzufertigen. Dies wurde jedoch bei großen Stücken selten durchgeführt, denn die Metallmenge für eine massive Statue war sehr teuer. Außerdem waren die meisten Pharaonen gegen eine Massenfertigung ihrer Abbilder.

Freizeit

Die Ägypter stellten viele ihrer beliebtesten Freizeitbeschäftigungen als Grabmalereien dar, denn sie wollten diesen Aktivitäten im Leben nach dem Tod für immer nachgehen. Unter den Adligen und Reichen war die Jagd

Links: Diese zerbrechlichen ägyptischen Glasvasen wurden gegen 350 v. Chr. gefertigt.

Ganz oben: Handwerker bei der Arbeit. Diese Zeichnung aus dem Grab des Adligen Rekhmire zeigt Zimmermänner, Töpfer und Goldschmiede bei ihrer Arbeit.

Oben: Ein Dolch mit goldenem Griff, gestaltet von geschickten ägyptischen Handwerkern

sehr beliebt. Sportliche Spiele und andere sportliche Betätigungen, unter anderem Ringen, Boxen, Stockkampf, Ballspiele, Gymnastik und Akrobatik, wurden oft in Gruppen durchgeführt. Es sind viele Zeichnungen mit Szenen von Festessen erhalten geblieben, bei denen Akrobaten und Tänzer auftraten. Auch der Tanz mit rhythmischer Begleitung durch Händeklatschen, Becken, Sistrum, Glocken und Gesang war bei Feiern äußerst beliebt.

MUSIK UND SPIELE

Musik war unentbehrlich als Begleitung zum Tanz; es wurde aber auch nur um der Musik Willen musiziert. Häufig wurden Harfe und Flöte in Verbindung mit verschiedenen Blasinstrumenten gespielt. Die Blasinstrumente wurden aus Holz und aus Metall gefertigt. Der wahrscheinlich älteste Beleg für ein Konzert mit Orchesterbesetzung stammt ungefähr aus dem Jahr 250 v. Chr. Es handelte sich dabei um ein riesiges Fest für Pharao Ptolemaios II., bei dem 600 Musiker gleichzeitig spielten. Die Ägypter spielten auch Brettspiele, von denen das bekannteste *senet* hieß. Es sind viele dekorative Bretter, meist aus Holz und Elfenbein, mit Spielsteinen erhalten geblieben. Auf der Rückseite mancher Bretter befindet sich das Spiel der »Zwanzig Quadrate«.
Kinder hatten eine große Auswahl an Spielsachen zur Verfügung, wie Bälle, Kreisel, Puppen und Tierfiguren.

Links unten: Grabmalereien. Gezeigt werden Tänzerinnen, die die Pharaonen und deren Höflinge bei Festlichkeiten unterhalten.

Unten: Ein Mann und seine Frau beim Brettspiel senet*; Papyrus ca. 1250 v. Chr. (British Museum)*

DER NIL

Sonnenuntergang über dem Nil,
der Lebensader Ägyptens

Ohne den Nil gäbe es Ägypten nicht. Es gäbe weder Wasser noch fruchtbares Land, um Nahrungsmittel anzubauen. Die Niederschlagsmengen sind gering; im Durchschnitt fallen nur etwa 100–150 mm Regen pro Jahr. Es herrscht ein heißes Klima, bei dem selbst im Winter die Temperaturen selten unter 13 °C fallen. Die Wüste, die das Land umgibt, zeigt die natürlichen Auswirkungen solcher Witterungsbedingungen.

Über lange Strecken hinweg fließt der Nil durch ein Tal, das von felsigen Klippen und Hügeln gesäumt wird. Mit mehr als 6500 Kilometern ist der Nil der längste Fluss der Welt. Er entsteht durch den Zusammenfluss zweier großer Ströme, des Blauen Nil, dessen Quelle in Äthiopien liegt, und des Weißen Nil, der in Uganda entspringt. Die beiden Flüsse bilden in Karthum den Hauptfluss, der sich dann seinen Weg Richtung Norden durch die Wüste zum Mittelmeer bahnt. In seinem Lauf wird der Fluss an sechs Stellen durch Stromschnellen bzw. Katarakte unterbrochen. Die erste dieser Stellen, in der Nähe von Assuan gelegen, ist der Punkt, an dem der Nil eigentlich in das Land eintritt. In Unteräypten fächert sich der Fluss auf den letzten 200 Kilometern über das Marschland des Deltas in Seitenarme auf. Der südliche Teil des Landes, Oberägypten genannt, ist ganz anders beschaffen. Das Land ist hier trockener, und das Flussbett ist auf beiden Seiten von Klippen umgeben.

Die Nilschwelle

Einmal im Jahr, zwischen Juli und Oktober, verteilte der Hauptstrom des Nil, der durch starken Regenfall in Äthiopien angeschwollen war, sein Wasser über Ägypten. Wenn dann das Wasser wieder abschwoll, hinterließ es eine dicke, fruchtbare Schicht aus Schlamm und Schlick, die das Tal bedeckte. Über viele Jahrhunderte hinweg führte das dazu, dass ein feuchtwarmer, fruchtbarer Boden entstand. Die alten Ägypter bezeichneten diesen Boden als das »schwarze Land« und unterschieden es so von der Wüste, die für sie das »rote Land« war. Auf diesem »schwarzen Land« lebten die Ägypter und bauten ihre Nahrungsmittel an.

Wenn der Fluss anschwoll, wurden seine Niederungen vom Wasser überspült. Sobald das Flutwasser zurückging, pflanzten die ägyptischen Bauern im nassen Nilschlamm Getreide, Linsen, Bohnen und Gemüse an. Der frische Schlick wirkte jedes Jahr als natürlicher Dünger. Die Bauern fertigten wahrscheinlich viele der Geräte, die zur Bewirtschaftung notwendig waren, selbst an und reparierten sie auch selbst. Die Geräte bestanden aus Holz, und obwohl sie oft sehr einfach waren, so waren sie doch sehr effektiv.

Die Bauern setzten Ochsen ein, die hölzerne Pflüge zogen. Wer es sich nicht leisten konnte, Tiere zu halten, grub den reichhaltigen schwarzen Schlamm mit Stöcken und Hacken per Hand um. Das Pflügen und Säen geschah gleichzeitig. Der Pflüger lenkte das Vieh, während der Säer hinter ihm her ging und das Saatgut ausstreute. Zur Zeit der Ernte wurden die Pflanzen mit Sicheln gemäht. Wenn jedoch die Nilschwelle ausblieb, herrschte im Land Hungersnot. Eine gute Ernte entschied über Leben oder Tod.

Von immenser Wichtigkeit war die Schädlingsbekämpfung. Besonders schlimm in dieser Hinsicht waren Mäuse und Heuschrecken. Wenn diese vor der Erntezeit kamen, »gingen die Reichen mit besorgter Miene einher, und ein jeder trug seine Waffen bei sich«, so ein ägyptischer Dichter. Zur Mäusebekämpfung hielten die Ägypter Katzen, die mitunter sogar verehrt wurden.

Links: Dieses Grabbild zeigt Sennedjem, der mit einem Ochsengespann pflügt. Er treibt die Ochsen mit einer Doppelpeitsche an. Hinter ihm sät seine Frau aus.

Oben: Dieser Ochse wurde in die Wand des Tempels von Ramses II. in Abydos gemeißelt. Er stammte aus tempeleigenem Gehöft und war eigens gezüchtet und gemästet worden. Da er nun in optimalem Zustand war, wurde er in einer Festtagsprozession mitgeführt und dann geschlachtet und den Göttern als Opfergabe dargebracht.

Nahrungsquelle

Auch der Nil selbst lieferte Nahrung. Fische wurden entweder in weiten Netzen gefangen, die von Fischern ausgeworfen wurden, oder aber mit Rute und Haken von Anglern, die auf schwimmenden Papyrusflößen saßen.

Längs des Flussufers wuchsen Pflanzen, die für den täglichen Gebrauch geschnitten wurden. Aus Binsen wurden beispielsweise Matten und Körbe gewebt. Lotusblüten wurden gesammelt, um damit die Körbe reicher Leute zu schmücken. Fähren und Frachtboote steuerten vorsichtig durch die gewundenen Kanäle des Flusses. Kleine Kinder paddelten zusammen mit Kühen, Eseln, Ratten und Hunden im Wasser direkt am Ufer. Dort trafen sich auch die Frauen, um schmutzige Kleidung zu waschen, miteinander zu plaudern und zu lachen. Das Trinkwasser wurde direkt aus seichten Stellen entnommen, die allerdings oft schon durch Abwässer verseucht waren. Der »Fluss des Lebens« war so gleichzeitig Brutstätte für viele Krankheiten.

Neben der Arbeit auf den Feldern sammelten die ägyptischen Dorfbewohner Klee und andere Wildpflanzen als Viehfutter; sie schnitten Binsen, um daraus Körbe und Matten

Pflügen und Mähen

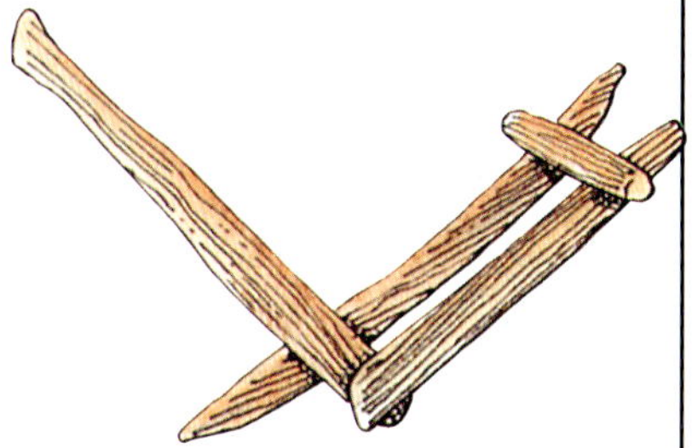

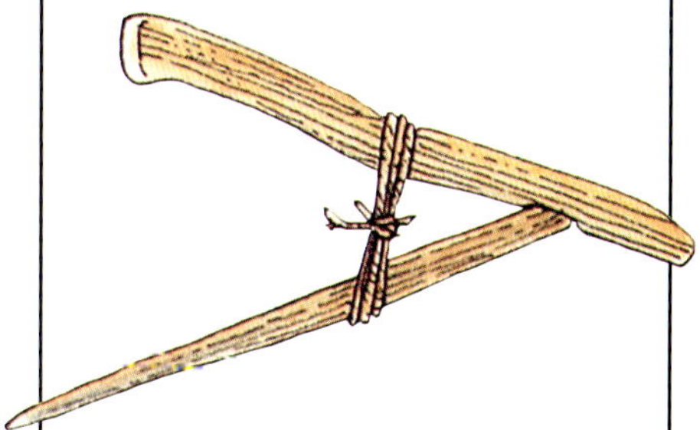

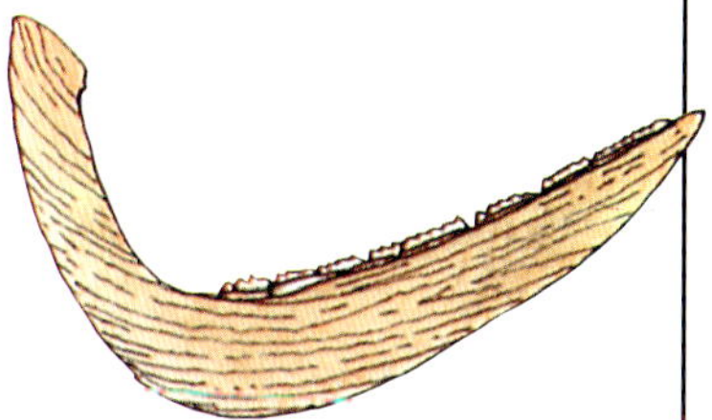

Oben: ein hölzerner Pflug
Mitte: ein Handstock, mit dem die Erde vor der Saat umgegraben wurde
unten: eine hölzerne Sichel mit Zähnen aus Flint

anzufertigen und züchteten Enten und Gänse. Zur Herstellung von Garn wurde Wolle gesponnen und in schlammigen Tümpeln Flachs herangezüchtet. Aus beiden Materialien wurde Tuch gewebt. Wo genug Land vorhanden war, wurden Obst und Wein angebaut. Man erntete Äpfel, Trauben und Feigen. Aus dem Nilschlamm wurden Ziegel zum Hausbau beziehungsweise zur Ausbesserung der Häuser hergestellt.

Besonders fruchtbar war das Land um das Nildelta, und das Marschland wies einen großen Wildbestand auf. Nach und nach wurden große Flächen des Marschlandes für Jagd und Viehzucht, wildes Obst und Fischfang erschlossen. Der Fischfang war eine Gewinn bringende Beschäftigung. Die effektivste Methode war, ein großes Schleppnetz zwischen zwei Booten zu spannen. In bestimmten Gebieten gab es allerdings auch heilige Fischarten, die ebendort nicht verzehrt werden durften. Die Ägypter waren wahrscheinlich die ersten, die den Fischfang nicht nur als Nahrungsquelle, sondern auch als Sportart betrachteten. Aus dieser Zeit ist eine Zeichnung erhalten geblieben, die zeigt, wie ein Edelmann mit Angelrute und Schnur aus einem Wasserbecken fischt. Auch das Harpunieren sowie der Vogelfang mit Hilfe eines Wurfstocks waren beliebte Sportarten.

Oben: Fischfang auf dem Nil mit einem Schleppnetz. Thebanische Grabmalerei, ca. 1250 v. Chr.

Links: Diese in die Steinwand gemeißelte Arbeit auf einem frühen Grab in Saqqara zeigt Fischer auf dem Nil. Einer der Männer rettet ein Lamm vor den scharfen Zähnen eines Krokodils unten im Wasser.

Rechts: Papyrusgemälde, welches die Flachsernte zeigt. Aus Flachs wurde Leinen hergestellt, ca. 1350 v. Chr. (British Museum)

Der Nil bot einer Fülle von Lebewesen Schutz; die meisten Arten waren harmlos, einige aber konnten den Flussbenutzern gefährlich werden. Der Nil war der natürliche Lebensraum für Flusspferde und Krokodile. Die Ägypter hielten beide Tierarten für äußerst gefährlich. Neben Beschäftigungen wie der Jagd auf Wildvögel im Marschland oder dem Aufspießen von Fischen von Booten aus zogen die Dorfbewohner manchmal aus, um Krokodile oder auch bisweilen ein Flusspferd zu erlegen. Man fand Mumien mit Knochen, die anscheinend von Krokodilzähnen abgebissen worden waren. Obwohl beide Tierarten mit Gottheiten assoziiert wurden, jagten die Ägypter die Flusspferde mit Harpunen. In Kom-Ombo befindet sich ein ansehnlicher Tempel, der Sobek, dem Krokodilgott, gewidmet war. Es wird auch berichtet, dass im Jahre 10 v. Chr. im See Moeris ägyptische Priester ein heiliges Krokodil besaßen, welches sie zähmten und mit Kuchen

Unten: Gänse auf einem Wandgemälde in Meidum, ca. 2500 v. Chr.

Links: Figur eines Nilpferds. Obwohl die Nilpferde bei den Ägyptern als heilig galten, wurden sie von ihnen gejagt.

Unten: Eine Frau mit Papyrus in der Hand – die klassische Blühpflanze Unterägyptens

und Honigwein fütterten. Heute findet man weder Flusspferde noch Krokodile im Nil, da sie bis weit in den Sudan hinein Richtung Süden gezogen sind.

Papyrus

In den weiten Marschgebieten des Nil wuchsen die Papyrusstauden, die im Schlamm verwurzelt waren, bis zu einer stattlichen Höhe. Das Papyrusrohr lieferte den Ägyptern den Grundstoff für die Papierherstellung. Diese erfolgte, indem das Mark in dünne Streifen geschnitten und auf einem ebenen Stein angeordnet wurde. Der Papyrus wurde dann mit Holzhämmern geschlagen, bis die Streifen durch den natürlichen Saft, der wie Leim wirkte, zusammenklebten. Die einzelnen Blätter wurden zu einer langen Rolle zusammengefügt. Papyrus war bei den Ägyptern schon seit der 1. Dynastie (ca. 3100 v. Chr.) in Gebrauch. Der Handel mit Papyrus war später königliches Monopol, und dementsprechend hoch waren die Preise. Schließlich wurde der Papyrusanbau auf eine einzige Region beschränkt. Heute gibt es in Ägypten keine natürlichen Papyrusvorkommen mehr.

Kommunikation und Transport

Der Nil stellte einen ausgezeichneten Kommunikationskanal dar. Die Beförderung auf dem Nil war im Gegensatz zum Transport auf dem Landweg schnell und preiswert, weil sämtliche größeren und kleineren Städte mit dem Boot leicht zugänglich waren. Auch wenn man sämtliche Risiken berücksichtigt, ist der Nil kein besonders gefährlicher Fluss. Heutzutage finden die Vergnügungsfahrten in Ägypten hauptsächlich auf Ausflugsbooten statt, bei denen fast die gesamte notwendige Antriebskraft durch die Strömung und den Wind gewonnen wird. Die Strömung liefert genug Kraft für die Fahrt flussabwärts, während der Nordwind die Boote flussaufwärts treibt.

Rechts: Boote auf dem Nil – ein Bild aus heutiger Zeit. Per Boot lassen sich wie in alten Zeiten auch heute noch viele Orte am einfachsten erreichen. Auf diesem Foto ist deutlich der schmale Streifen fruchtbaren Landes längs des Flussufers zu erkennen, der durch die Nilschwelle bewässert wird. Weiter hinten die Trockengebiete, Wüste und Berge.

Unten: Segelbootmodell. Auf dem Bug prüft ein Mann die Wassertiefe. Mit dem langen Ruder wird das Boot gesteuert, ca. 1800 v. Chr. (British Museum).

Segelboote

Der älteste Beleg für ein Segelboot befindet sich auf einem ägyptischen Gefäß, das ungefähr aus dem Jahre 3200 v. Chr. stammt. Als Pioniere in der Entwicklung der Flussschifffahrt bauten die Ägypter viele verschiedene Bootsarten für unterschiedliche Zwecke. Landwirtschaftliche Erzeugnisse, Truppen, Vieh, Holz, Gestein und Beerdigungsprozessionen – alles wurde auf dem Nil und seinen Kanälen befördert.

Von den Werften konnten Schiffe bis zu einer Länge von 70 Metern zu Wasser gelassen werden; diese Schiffe wurden entweder aus einheimischem Holz oder aber aus Koniferen aus dem Libanon gebaut. Komplette Schiffe, Modelle, detaillierte Zeichnungen, technisches Vokabular, das die verschiedenen Bootsarten spezifizierte, sowie Listen mit deren Ausstattung sind bis heute erhalten geblieben.

»Das Geschenk des Nil«

So wie die Wüste, durch die der Nil fließt, den alten Ägyptern Sicherheit verschaffte und sie vor Invasionen schützte, so sorgte der Nil selbst für ihren Wohlstand. Wasser und Wüste

Links: Schiff unter vollem Segel. Thebanisches Grabbild, ca. 2250 v. Chr.

Unten: Ein elegantes Modellboot aus dem Grabe Tutanchamuns

Ganz unten: Modell eines Bestattungsbootes. Diese Boote brachten die Verstorbenen auf ihrer letzten Reise auf dem Nil zu ihrem Grab, ca. 1900 v. Chr. (British Museum).

– dieser geografische Gegensatz prägte sehr stark die Weltanschauung der Menschen, die dort lebten. Man glaubte, der Nil sei das Zentrum der Welt und die wichtigste Verkehrsstraße, die Westen und Osten trennte. Der Zyklus der Nilschwelle stellte für die Ägypter den ewigen Kreislauf des Lebens dar.
Im Gegensatz dazu betrachtete man die Wüste als die Heimat der Toten und als Begräbnisstätte. Da ja die Sonne im Westen untergeht, legte man die Friedhöfe in den einsamen Wüstengebieten jenseits des Westufers an. In der ägyptischen Mythologie war der Nil so etwas wie für die Griechen der Styx, von dessen Ostufer die Seele des Toten zum Westufer gebracht wurde. In der ägyptischen Schöpfungsmythologie war die erste lebende Materie mit dem neuen Land vergleichbar, das sich nach der Flut an den Ufern des Nil ablagerte.

Rechts: Statue aus schwarzem Granit, die den Gott der Nilflut, Hapi, darstellt (British Museum)

Die Ägypter nannten ihr Land »Geschenk des Nil«, und die jährliche Nilschwelle wurde als die Ankunft des Nilgottes Hapi betrachtet. War die Flut zu stark, so konnte es sein, dass die umliegenden Dörfer zerstört wurden. War sie dagegen zu schwach, war weniger Anbaufläche für Feldfrüchte verfügbar. Wenn dies über mehrere Jahre hinweg eintrat, gab es eine Hungersnot. Der Nil machte die Ägypter von Anfang an zu einem Volk von Bauern. Für das Wachstum ihrer Zivilisation war es lebenswichtig, die Organisation auf den Zyklus des Flusses einzustellen. Schon sehr früh konnten die Ägypter die Jahreszeiten anhand des Flusses bestimmen, und sie entwickelten den ersten Kalender mit 365 Tagen, eingeteilt in zwölf Monate. Es gab drei Jahreszeiten, die *akhet*, *peret* und *shemu* genannt wurden. *Akhet*, die Zeit der Flut, begann ungefähr im August. Bis November war das Wasser dann so weit zurückgegangen, dass Feldfrüchte angepflanzt werden konnten. Die letzte Jahreszeit, *shemu*, war die Dürreperiode, die ungefähr von März bis August dauerte. Während dieser Zeit konnte die Ernte eingefahren werden.

Kontrolle der Fluten

Die Ägypter bauten Deiche, damit der Fluss die Siedlungen auf den Hügeln nicht überspülte, die wie Inseln aus dem Wasser ragten, wenn der Nil das Tal überflutete. Darüber hinaus legten sie ein ganzes Netz von Wasserreservoirs und Kanälen an, in denen das Wasser stehen blieb, wenn die Flut wieder zurückwich. Das Wasser wurde in künstliche Kanäle geleitet, die durch die ländlichen Siedlungen verliefen und ständig gereinigt werden mussten. Ihr Verlauf war so geplant, dass möglichst viele Felder gleichmäßig bewässert wurden. Das Flutwasser, das sich in den Reservoirs oder in großen Erdbecken befand, wurde mit Hilfe von einfachen, aber effektiven Pumpmechanismen in die Bewässerungskanäle geleitet.

Die Ägypter bauten ausgeklügelte Maschinen, die ihnen bei der Arbeit dienlich waren. Die Einführung des *shaduf* im Neuen Reich erleichterte die Arbeit sehr; er wird in Ägypten noch heute verwendet. Beim *shaduf* handelt es sich um einen Eimer an einer Stange, der in das Wasser gesenkt wird und dann mit Hilfe eines schweren Gegengewichts am anderen Ende der Stange wieder hochgehievt wird.

Zum Sommerende hin wurden in die Deiche an den höchsten Stellen Löcher gegraben; wenn die erforderliche Menge schlammigen Wassers durchgeflossen war, wurde die Öffnung verschlossen. Sobald das Wasser von der Erde aufgesaugt war, konnte schließlich die Arbeit beginnen – das Saatgut wurde ausgestreut.

Rechts: Der Flusstempel in Philae

DIE ARBEITSKRÄFTE

Deiche, Reservoirs und Kanäle mussten kontinuierlich gebaut bzw. instand gehalten werden, was eine große Arbeiterschaft erforderte. Diese wurde durch eine Art Einberufungsverfahren eingezogen. Im alten Königreich wurden von dieser organisierten Arbeiterschaft beispielsweise während der Flutsaison Pyramiden gebaut. Im Falle einer politischen Krise konnte es dazu kommen, dass die Wartung des Wasserversorgungssystems nicht mehr richtig organisiert war, worauf innerhalb kürzester Zeit die gesamte Wirtschaft des Landes zusammenbrechen konnte. In einem Land, das fast keinen Niederschlag zu verzeichnen hat, konnte allein durch ein Bewässerungssystem gewährleistet werden, dass die Feldfrüchte gediehen und Menschen dort leben konnten. Um die nachteiligen Folgen einer zu geringen Nilschwelle zu mildern, konnte das Korn für ein schlechtes Jahr oder auch mehrere schlechte Jahre hintereinander auf Vorrat gehalten werden, so wie es uns in der Bibelgeschichte über Josef berichtet wird. Die Ägypter konstruierten auch Wasserstandsanzeiger, um das Ansteigen des Flusses zu messen. Diese »Nilometer« wurden später weiter im Süden angebracht, um die wirtschaftlichen Auswirkungen so früh wie möglich vorhersagen zu können.

Der griechische Historiker Herodot behauptet, dass der erste Pharao, Menes, die Ebene von Memphis entwässern ließ, um dort eine neue Hauptstadt zu errichten, und dass dadurch der Verlauf des Nil geändert wurde. Es gibt auch Hinweise auf ein riesiges Wasserreservoir in der Gegend von El-Fayyum, das 100 Quadratkilometer groß war und über gewaltige Deiche und Schleusen verfügte.

DER GROSSE DAMM

In jüngster Zeit wurde durch den Bau des immensen Assuanhochdammes, der zwischen 1960 und 1970 entstand und über ein eigenes riesiges Reservoir verfügt, der traditionelle Jahresflutzyklus des Nil beendet. Durch den Bau entstand ein riesiges Wasserreservoir, der Nassersee, was bedeutete, dass ganze Dörfer überflutet und Zehntausende von Menschen umgesiedelt werden mussten.

Viele eindrucksvolle Relikte aus alter Zeit sind verloren gegangen, mehr als 20 Bauwerke aber konnten mit internationaler Hilfe gerettet werden. Die beeindruckendste Rettungsaktion fand in Abu Simbel statt, wo die riesigen Felsentempel in 30-Tonnen-Blöcke geschnitten und dann an adäquater Stelle oberhalb des Sees wieder zusammengesetzt wurden. In ähnlicher Weise wurden die wunderbaren Tempel von Philae sorgfältig und Stein für Stein auf eine nahe gelegene Insel versetzt, wo sie vor den Fluten des Nil sicher sind.

Links: Mit Hilfe des shaduf *konnten die Bauern mit geringem Arbeitsaufwand Wasser vom Fluss auf ihre Felder bringen. Das Gewicht an einem Ende der Stange hielt den Eimer am anderen Ende im Gleichgewicht.*

Die Hieroglyphen

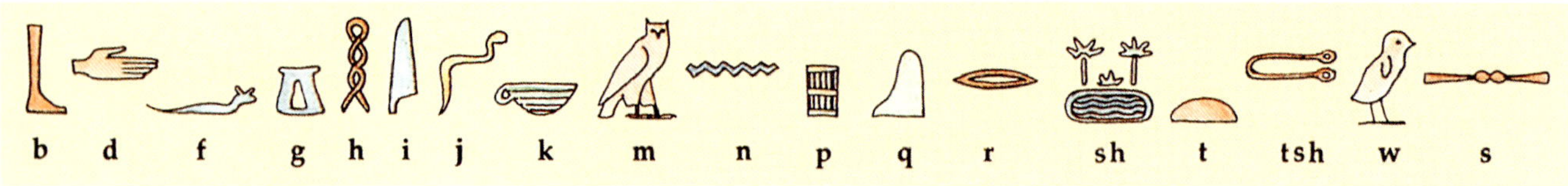

Die Ägypter zählten zu den ersten Menschen der Welt, die, etwa um 3000 v. Chr., eine Schrift entwickelten. Die meisten ägyptischen Gebäude und viele Kunstwerke sind mit Inschriften verziert. Dabei handelt es sich um Zeilen in einer Bilderschrift, sogenannte Hieroglyphen, die in eine Oberfläche aus hartem Stein gemeißelt sind. Da Stein so hart und widerstandsfähig ist, können diese Inschriften auch heute noch, nach so vielen Jahrhunderten, gelesen werden. Oft werden durch die Schriften große Leistungen festgehalten, wie z. B. der Bau eines Tempels oder ein gewonnener Krieg. Die Ägypter hofften, dass diese steinernen Nachrichten ewig halten würden. Auch von Reisenden können wir etwas über die Ägypter erfahren, so z. B. von dem griechischen Schriftsteller Herodot, der das Land um etwa 500 v. Chr. besuchte.

Beim Betrachten der Hieroglyphen sind wir von Natur aus dazu geneigt, jedes Zeichen als Symbol für einen Buchstaben zu betrachten, da unsere geschriebene Sprache auf einem Alphabet basiert. Die Idee eines Alphabets wurde jedoch erst sehr spät in der Geschichte des Schreibens entwickelt. Erst nach langer Zeit gelang es der Menschheit, sämtliche möglichen Laute und Lautkombinationen auf ein Schriftsystem mit etwa 20 Zeichen zu reduzieren.

Die alte Schrift

Durch eine Hieroglyphe wird kein Buchstabe und auch nicht immer ein Wort dargestellt. Vielmehr werden durch sie sowohl Wortbedeutungen bildlich dargestellt (Ideogramme) als auch aus einem, aus zwei oder drei Konsonanten bestehende Laute ausgedrückt (Phonogramme). Eine Schrift, die ausschließlich auf Bildzeichen basiert, würde sich als unpraktisch erweisen, da für ein vollständiges Vokabular Tausende von Zeichen erforderlich wären. Es wäre schwierig, abstraktere Begriffe klar und eindeutig auszudrücken, und dies war wahrscheinlich der Grund, warum zusätzlich Zeichen mit einem Lautwert, Phonogramme, benötigt wurden. Die reinen Bildzeichen oder Ideogramme konnten am Wortende verwendet werden, um die genaue Bedeutung anzuzeigen. Bei einer Schrift ohne Interpunktion ist dieses System sehr nützlich. Altägyptisch ist die zweitälteste schriftlich belegte Sprache. Nur Sumerisch soll noch ein wenig älter sein. Die ersten Hieroglyphen stammen aus der Zeit um 3100 v. Chr., während die letzten beinahe 3500 Jahre später, etwa um 394 n. Chr., entstanden sind. Man könnte behaupten, dass die geschriebene Sprache insgesamt beinahe 5000 Jahre überdauert hat, da sie in ihrer Endform noch immer in koptischen Gottesdiensten verwendet wird. Eine geringe Anzahl altägyptischer Wörter haben sogar ihren Weg in das Vokabular des modernen Deutsch gefunden, wie z. B. das Wort »Oase«.

Oben: Fayence-Amulett, das der Hieroglyphe des heiligen Auges des Horus nachgebildet ist (British Museum)

Ägyptologen haben bei der Entwicklung der Sprache fünf Stufen ermittelt: Altägyptisch (ca. 2650–2135 v. Chr.), Mittelägyptisch (ca. 2135–1785 v. Chr.) und Neuägyptisch (ca. 1550–700 v. Chr.), Demotisch (ca. 700 v. Chr.–500 n. Chr.) und schließlich Koptisch. Diese letzte Stufe setzte im 3. Jahrhundert n. Chr. ein und dauerte bis zum Mittelalter an. Dann wurde das Koptische als gesprochene ägyptische Sprache durch Arabisch ersetzt. Die Hieroglyphenschrift stellte ein hochentwickeltes System dar, durch das alles, selbst grammatische Formen, ausgedrückt werden konnte. Hieroglyphen können von rechts nach links, von links nach rechts und sogar vertikal von oben nach unten gelesen werden, je nach der Zusammensetzung des Bildes. Traditionell wurde eine hieroglyphische Inschrift in Spalten angeordnet. Später schrieb man in horizontalen Zeilen, wobei die Köpfe der Zeichen immer auf den Satzanfang ausgerichtet waren. Die Zeichenfolge verläuft ununterbrochen, Trennungen zwischen Wörtern werden nicht durch Interpunktionszeichen oder Abstände gekennzeichnet.

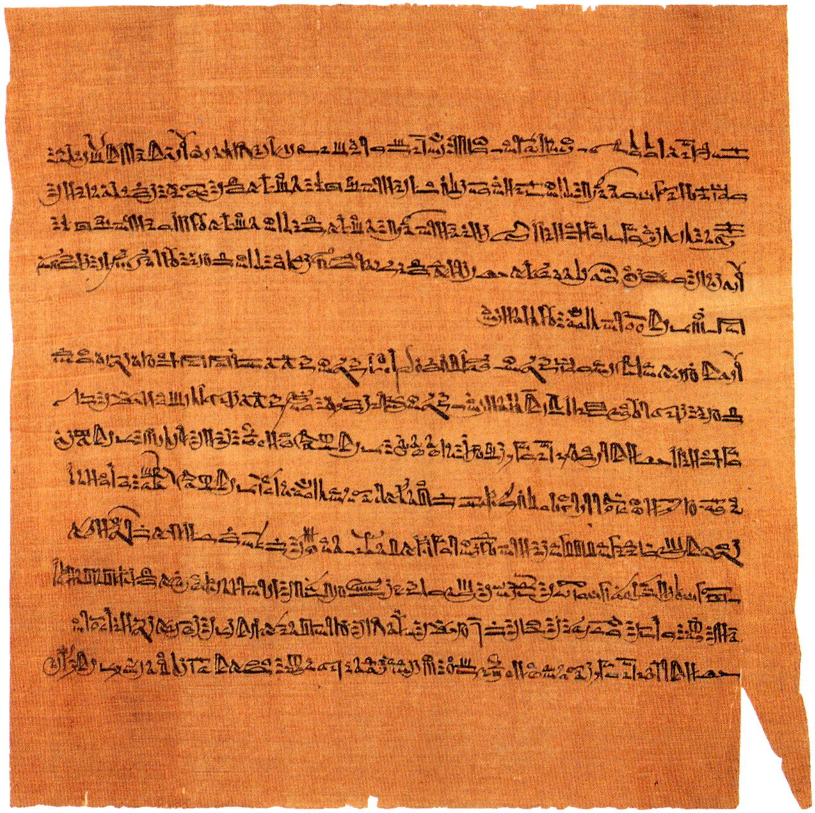

Oben: Die hieratische Schrift in einer besonders feinen Ausführung aus The Great Harris Papyrus *(Der berühmte Harris-Papyrus), dem längsten bekannten Papyrus. Es handelt sich um einen Papyrus mit einer Hymne an den Gott Ra aus dem* Buch der Toten. *Hieroglyphen wurden nach und nach fast ausschließlich für religiöse und magische Texte verwendet, etwa 1050 v. Chr. (British Museum).*

Ägyptische Grammatik

Die ägyptische Grammatik unterscheidet sich vollkommen von der Grammatik europäischer Sprachen und kann nicht auf eine Reihe einfacher Regeln reduziert werden. Über 6000 dokumentierte Hieroglyphen decken die gesamte Epoche ab, in der die Schriften verwendet wurden. Die Mehrzahl dieser Schriften wurde jedoch aus religiösen Gründen in der griechisch-römischen Epoche entwickelt. Im Durchschnitt wurden zu jeder Zeit etwa 700 Hieroglyphen alltäglich verwendet.

Ein auffälliges Merkmal der Hieroglyphenschrift besteht darin, dass keine Vokale vorhanden sind. Ägyptologen verwenden bei Bedarf die Vokale »i« und »e«, um in der Sprache verbal zu kommunizieren. Es existieren 24 hieroglyphische Zeichen, von denen jedes einen Konsonanten darstellt. Die Konsonanten entsprechen annähernd den Lauten unseres modernen Alphabets.

Dieses System ägyptischer Alphabetzeichen wurde nicht immer für ganze Wörter verwendet, bis in der griechisch-römischen Epoche die Namen von verschiedenen Königen in Hieroglyphen umgeschrieben wurden. Es wird behauptet, dass bestimmte Hieroglyphen über Protosinaitisch, Phönizisch, Griechisch und Latein ihren Weg schließlich in unser Alphabet gefunden haben.

Die göttliche Schrift

Hieroglyphen werden normalerweise mit Steininschriften assoziiert. Das Wort selbst wird eigentlich von dem griechischen Ausdruck *ta hieroglyphica* hergeleitet, was soviel bedeutet wie »die heiligen gemeißelten Buchstaben«. Die Zeichen der Schrift besitzen weitestgehend einen bildhaften Charakter, und bei den meisten Zeichen handelt es sich um erkennbare Bilder von natürlichen oder vom Menschen geschaffenen Objekten. Die besten Beispiele der Schrift weisen in ihren Linien und Farben eine innere Schönheit auf.

Es handelte sich um mehr als nur um ein Schreibsystem, und die Ägypter selbst bezeichneten sie als die »Schrift der göttlichen Wörter«. Ähnlich der Darstellungen in der ägyptischen Kunst wurde auch der Schrift religiöse oder magische Bedeutung zugeschrieben. Man glaubte, dass der in Hieroglyphen geschriebene Name einer Person ihre einzigartige Identität verkörpere. Wenn in der Darstellung kein Name enthalten war, so war für die Person ein fortgeführtes Dasein im Leben nach dem Tod nicht möglich. Daher wurden die Namen vieler Könige und Götter von späteren Pharaonen, die andere Ideale hatten, an Monumenten verunstaltet oder entfernt. Entsprechend konnten vorhandene Inschriften und Statuen in Besitz genommen und beansprucht werden, indem der neue Königsname eingemeißelt wurde.

Oben: Der Papyrus des Schreibers Ani, eines der schönsten Beispiele aus dem ägyptischen Buch der Toten *(British Museum)*

Links: Kalksteintafel mit Hieroglyphen, die mit Holzhämmern und Kupfermeißeln in den Stein geschlagen wurden (British Museum)

Das Schreiben von Texten

Da Hieroglyphen nicht schnell geschrieben werden konnten, wurden sie zu einer stilisierteren, flüssigeren Schrift, der so genannten hieratischen Schrift, weiterentwickelt.

Diese wurde zur Standardschrift für Verwaltung und Handel, und man verwendete sie außerdem für Dokumente mit literarischem, wissenschaftlichem und religiösem Charakter. Sie war besonders für das Schreiben auf Papyrus oder auf Ton- und Kalksteinscherben, den sogenannten Ostraka, geeignet. Der Text wurde mit einem Pinsel oder einem angespitzten Schilfrohr in schwarzer Tinte geschrieben, während mit Hilfe von roter Tinte manchmal besondere Abschnitte hervorgehoben wurden. Die Bezeichnung »hieratisch« wird von dem griechischen Wort *hieratika* (»priesterlich«) hergeleitet. Dies ist darauf zurückzuführen, dass die Schrift im Neuen Reich nur noch für religiöse Dokumente verwendet wurde. Als Hauptschrift für geschäftliche Dokumente wurde das Demotische verwendet. Die Bezeichnung »demotisch« wird von dem griechischen Wort *demotika* hergeleitet, was soviel bedeutet wie »volkstümlich«. Dies bezieht sich auf die Funktion des Demotischen als Alltagsschrift. Ab der ptolemäischen Epoche wurde sie auch für literarische Werke sowie für wissenschaftliche und religiöse Texte verwendet.

SCHREIBER

Obwohl das Schreiben in der altägyptischen Gesellschaft eine wichtige Rolle spielte, ist es unwahrscheinlich, dass die Fähigkeit zu schreiben in der Bevölkerung weit verbreitet war. Die Schrifterstellung und der direkte Zugang dazu war auf eine gebildete Elite beschränkt, die aus der königlichen Familie, Staatsbeamten und Schreibern bestand. Der professionelle Schreiber stellte eine zentrale Figur in jedem Bereich der Landesverwaltung dar: im zivilen, militärischen und religiösen. Wenn eine Person, die mit den Hieroglyphen nicht vertraut war, ein Dokument schreiben oder vorlesen lassen wollte, musste sie dafür die Dienste eines Schreibers bezahlen. Traditionell benötigte ein Schreiber an die zwölf Jahre, um die ca. 700 Hieroglyphen lesen und schreiben zu lernen, die im Neuen Reich alltäglich verwendet wurden. Die Schreiber begannen ihr Studium im Alter von vier Jahren.

PAPYRUS

Ägyptische Schreiber schrieben auf Papier, das Papyrus genannt und aus Papyrusstauden hergestellt wurde. Die Papyrusstauden wurden in kurze Stücke geschnitten und anschließend geschält. Das Mark wurde in dünne Streifen geschnitten, die schichtweise auf einem hölzernen Brett angeordnet wurden, wobei sie sich in einem Kreuzmuster überschnitten. Anschließend wurden sie mit einem Tuch bedeckt und mit einem schweren Holzhammer beschlagen. Dadurch wurden die Streifen zu einem einzigen Blatt zusammengepresst. Das Tuch wurde entfernt, und das neu angefertigte Blatt Papyrus wurde mit einem weichen Stein glatt geschmirgelt. Danach konnte es zurechtgeschnitten werden. Schreiber mussten mehrere Hieroglyphen kombinieren, um jedes Wort des Dokuments, das sie schrieben, zu »buchstabieren«. Hieroglyphen konnten sowohl in horizontaler als auch in vertikaler Richtung geschrieben werden und wurden ohne Vokale »buchstabiert«. Schreiber führten außerdem Buch über Tributzahlungen. Diese Tribute, die in Nahrungsmitteln, Schätzen oder Arbeitskräften gezahlt wurden, wurden von den Beamten des Pharao bei den gewöhnlichen Menschen eingetrieben.

DIE KOPTISCHE SCHRIFT

In der römischen und christlichen Epoche wurde, als die ursprünglichen Schriften mehr und mehr verschwanden, die koptische Schrift entwickelt. Das Wort »kopt« leitet sich von dem arabischen Wort *gubti* her, einer Abänderung des griechischen Wortes für Ägypten. Das Wort wurde von den Arabern im 7. Jahrhundert als Bezeichnung für die Einheimischen verwendet. Das Koptische besteht aus 24 Buchstaben des griechischen Alphabets, kombiniert mit sechs demotischen Zeichen. Die Entwicklung dieser Standardform des Alphabets, die bis zum 4. Jahrhundert n. Chr. weit verbreitet war, ist eng verbunden mit der Verbreitung des Christentums in Ägypten. In seiner frühesten Form wurde das Koptische verwendet, um einheimische magische Texte zu schreiben.

DER STEIN VON ROSETTE

Über die Jahrhunderte hinweg war die Kunst, Hieroglyphen zu lesen, in Vergessenheit geraten. Es war ein Franzose namens Jean-François Champollion (1790–1832), dem es als erstem gelang, die Schrift vollständig zu entziffern. Der wichtigste Schlüssel zu dieser

Oben: Der Stein von Rosette besteht aus drei Schriften: oben Hieroglyphen, in der Mitte Demotisch und unten Griechisch. Es handelt sich um ein Dekret aller Priester Ägyptens zugunsten des regierenden Königs, Ptolemaios V.

vergessenen Schrift war der berühmte, im Jahre 1799 entdeckte Stein von Rosette, der einen mehrsprachigen Text enthält.
Es handelte sich hierbei um ein Dekret der Priester unter dem Pharao Ptolemaios V., das in Altgriechisch, einer bekannten Sprache, und in zwei altägyptischen Schriften, Demotisch und Hieroglyphisch, verfasst worden ist. Indem er diese Schriften verglich und seine hervorragenden Kenntnisse der koptischen Sprache anwandte, untersuchte Champollion Abschriften weiterer hieroglyphischer Inschriften. Nach beträchtlicher Forschungsarbeit war er schließlich nicht nur in der Lage, einige Buchstaben des hieroglyphischen Alphabets, sondern auch eine Reihe von weiteren Hieroglyphen aus Kartuschen von Königen zu identifizieren. Er schaffte es, 79 verschiedene Königsnamen zu entziffern, deren Buchstaben er einzeln identifizierte und in Tabellen auflistete. Anschließend gelang es ihm mit Hilfe des »Alphabets«, das aus allen Buchstaben bestand, die er nach und nach entdeckte, Wörter zu entschlüsseln. In nur wenigen Jahren konnte er so ein Wörterbuch und eine Grammatik erstellen.
Obwohl man durch das Lesen der Königsnamen den Schlüssel zum Schriftsystem gefunden hatte, wäre man ohne das Koptische nicht zu einem Verständnis der ägyptischen Sprache gekommen. Beim Untersuchen des Steins von Rosette war Champollion aufgrund seiner Kenntnisse der koptischen Sprache in der Lage, die Lautwerte von bestimmten Hieroglyphen herauszufinden, während ihm seine Griechischkenntnisse hilfreich waren beim Entschlüsseln von Bildzeichen. Durch die Kenntnisse der Sprache sind wir heute in der Lage, die zahlreichen Schriften zu übersetzen, die erhalten geblieben sind. Die Lebenslehren waren die angesehensten und ältesten Schriften, sie waren während der ganzen ägyptischen Geschichte sehr beliebt. Oft enthalten sie Sittenkodizes und verkörpern eine hohe gedankliche Ebene. Neben der religiösen Literatur und geschäftlichen Aufzeichnungen findet man die altägyptische Schrift in vielfältigen Sachgebieten wie z. B. Poesie, Medizin und Mathematik.

Unten: Gemalte Hieroglyphen auf einem Sarg des Mittleren Reiches (British Museum)

Das Vermächtnis der alten Ägypter

Die eindrucksvollen Bauwerke und faszinierenden Artefakte sind die sichtbaren Beweise für den einstigen Ruhm Ägyptens. Doch auch viele Aspekte unserer modernen Zivilisation haben ihren Ursprung im alten Ägypten. Die Vorstellungen der Ägypter gelangten über die Griechen und Römer nach Europa; diese waren beeindruckt von den Errungenschaften einer Zivilisation, die so viel älter war als ihre eigene, und übernahmen sehr viel von diesem Vermächtnis für ihre eigenen Kulturen. Das alte Ägypten ist seither in immer größere Ferne gerückt, immer geheimnisvoller und faszinierender geworden. Daher bot es auch immense Möglichkeiten für alle Arten der Wirklichkeitsflucht und diente als Inspiration für Kunst und Romane, Kriminal- und Science-Fiction-Literatur, Monumental- und Horrorfilme. Darüber hinaus hoffen viele Menschen, im alten Ägypten verborgenes oder geheimes Wissen zu entdecken, und ersinnen komplexe Theorien über den Bau und den Zweck der Pyramiden. Die alten Ägypter selbst nahmen niemals große Mühen auf sich, um ihre Kultur und Religion in der Welt zu verbreiten; ihr Einfluss erwuchs ganz einfach aus den Umständen.

Mit Hilfe des Handels verbreitete sich die ägyptische Kultur über die Alte Welt. Die Ägypter benötigten Holz, Metalle und Halbedelsteine, während ihre Monopolstellung für afrikanische Produkte, insbesondere Gold, zahlreiche Fremde anzog. Mit den Erzeugnissen verbreiteten sich auch Ideen und technisches Wissen. Während bestimmter Invasions- und Eroberungsepochen verstärkte sich der kulturelle Austausch zwischen Afrika, Asien und den Mittelmeerländern. Die Phönizier, seefahrende Händler, übernahmen viele ägyptische Elemente in Architektur und Kunst und verbreiteten diese über das Mittelmeer bis zum griechischen Festland.

Die frühen griechischen Schriftsteller, die selbst nach Ägypten reisten, erkannten den Einfluss Ägyptens auf griechische Prinzipien

Unten: Sir Edward Poynter (1836–1919): Israel in Ägypten

in Architektur und Geometrie an. Die frühesten, archaischen Skulpturen der Griechen spiegeln sowohl die Haltung – den linken Fuß nach vorn gesetzt – als auch die Proportionen der ägyptischen Skulpturen wider. Schon vor Sokrates kamen Anhänger des Pythagoras nach Ägypten, um ihre Studien der Geometrie, Astronomie und Theologie abzurunden. Zusätzlich hatte die ägyptische Tradition des Geschichtenerzählens einen bedeutenden Einfluss auf die Entwicklung des hellenistischen Romans, und auch einige Aspekte der Religion im alten Griechenland können bis nach Ägypten zurückverfolgt werden. Die Griechen ließen sich darüber hinaus vom medizinischen Wissen der Ägypter inspirieren, und die Hethiter und Perser beschäftigten ägyptische Ärzte. Gelehrte haben versucht zu belegen, dass sich unser Alphabet aus den Hieroglyphen entwickelt hat; auch einige Konzepte des ägyptischen Rechts sind möglicherweise bis zu uns vorgedrungen. Das größte Vermächtnis der alten Ägypter war vielleicht jedoch ihr Kalender, der von den Römern übernommen wurde und die Grundlage für unseren gregorianischen Kalender bildet.

Römische Kultur

Nachdem die Römer Ägypten erobert hatten, übernahmen sie viele religiöse Ansichten des ägyptischen Volkes, so wie es die Griechen vor ihnen getan hatten. Sie übernahmen Begräbnisrituale und entwickelten eine ausgeklügelte Einbalsamierungstechnik sowie einen feinen Stil bei der Porträtierung Verstorbener. Es wurden auch viele ägyptische Götter verehrt. Die Römer importierten zahlreiche ägyptische Statuen und stellten viele – oft falsche – Kopien davon her. Obelisken befanden sich

Rechts: Eine kleine bronzene Statue des Gottes Amun Re aus dem griechischen Zeitalter zeigt, dass ägyptische Formen von späteren Kulturen falsch dargestellt wurden (British Museum).

im Tempel von Isis und in den Arenen von Rom. Da Rom zur bedeutendsten Stadt in der klassischen und christlichen Welt aufstieg, prägte die römische Auswahl und Interpretation ägyptischer Formen die Art, mit der das übrige Europa das alte Ägypten betrachtete. Folglich war das Wissen, das dem Europa des Mittelalters und der Renaissance übermittelt wurde, stark von den Interessen klassischer und byzantinischer Gelehrter beeinflusst.

Christliche Kultur

Für viele Christen stellte die Bibel Jahrhunderte lang den einzigen Zugang zum alten Ägypten dar und vermittelte ein Bild, das unvermeidlich von bestimmten Vorurteilen verzerrt war. Das Alte Testament beschreibt Ägypten als mächtigen heidnischen Staat, der ein schwächeres und frommes Nomadenvolk unterdrückt.

Wie viele andere Nomadenvölker fühlten sich die Juden von Ägyptens Wohlstand angezogen, und als sie das Land verließen, nahmen sie wahrscheinlich viele ägyptische Anschauungen mit. Ägyptische Hymnen und Weisheitsliteratur waren in Kanaan seit der Zeit des Neuen Reiches bekannt und beeinflussten bestimmte Schriften des Alten Testaments. Es ist gut möglich, dass sich Salomon zwischenzeitlich von der Effizienz der ägyptischen Bürokratie inspirieren ließ, als er das jüdische Reich organisierte.

Es wird oft gezeigt, dass das Christentum viele Praktiken und Bilder aufweist, deren

Oben: Bronzefigur des Gottes Horus als römischer Soldat. Die Römer übernahmen viele ägyptische Götter in ihre Kultur, ohne deren ursprüngliche religiöse Rolle voll zu verstehen (British Museum).

Rechts: Mumie eines römischen Jungen. Die Römer übernahmen die Begräbnisrituale der Ägypter und fügten den Mumien naturgetreue Porträts hinzu (British Museum).

Ursprung im heidnischen Ägypten liegt. Dies ist durchaus plausibel, da die religiösen Rituale der Römer, die in den Gründungsjahren des Christentums übernommen wurden, schon tief von ägyptischen Traditionen durchdrungen waren. Als das mächtige Römische Reich offiziell die neue christliche Religion annahm, nahm es viele bereits bestehende Konzepte und Vorstellungen in sich auf. Insbesondere der Isis-Kult, der im frühen Römischen Reich so stark ausgeprägt war, könnte aufgrund der zahlreichen Darstellungen der den Horus stillenden Isis ein Urbild für die Jungfrau und das Kind geliefert haben. Es wird berichtet, dass eine alte Isis-Statue in einer französischen Kirche bis ins 16. Jahrhundert erhalten blieb und in einer anderen sogar bis heute die Geburt der Isis gefeiert wird.

VERBINDUNG ZUM CHRISTENTUM

Die beliebte Darstellung von Christus als Bezwinger von wilden Tieren hat eine verblüffende Ähnlichkeit mit dem Bild von Horus, der das Krokodil unterwirft. Viele solcher Parallelen können zwischen den Darstellungen bestimmter christlicher Heiliger und ägyptischer Götter gezogen werden, und auch Attribute wie Heiligenschein, Hirtenstab und die Idee geflügelter Männer und Frauen als Engel haben ägyptische Ursprünge.

Das zentrale christliche Symbol, das Kreuz, findet sich oft auf frühen koptischen Bauwerken – wie auch das ägyptische Hakenkreuz, das Symbol für das Leben – und ist auf mittelalterlichen Grabsteinen in den Balkanländern eindeutig immer noch vorhanden. Die ägyptische Literatur beeinflusste auch zahlreiche bekannte Volksmärchen des Orients, wie z. B. Sindbad und Ali Baba, und viele alte Redewendungen und Sprichwörter leben wahrscheinlich im modernen Ägypten und dem übrigen Afrika fort. Unter den Völkern Zentralafrikas haben bestimmte Techniken und Rituale wahrscheinlich durch das

Links: Freskenmalerei in einer koptischen Kirche. Die frühe christliche Kirche Ägyptens übernahm viele Elemente des alten »heidnischen« Erbes, und noch heute wird während der Messen die altägyptische Sprache gesprochen.

spätere äthiopische Königreich Meroe überdauert. Obwohl der Einfluss der islamischen Kultur im modernen Ägypten beachtlich ist, sind viele Jahrhunderte alte Bräuche bestehen geblieben.

Auf dem Land werden noch immer mit Hilfe des *shaduf* die Felder bewässert, so wie es in alten Zeiten beschrieben wurde. Viele Aspekte des Dorflebens haben sich kaum verändert. Einige Grenzen sind kaum verschoben worden, und die Namen bestimmter alter Orte sind praktisch gleich geblieben. In Luxor wird eine geweihte Barke zu Ehren eines islamischen Heiligen durch die Straßen getragen – ein Brauch, wie er in alten Zeiten zu Ehren des Gottes Amun durchgeführt worden wäre.

Darüber hinaus sind viele Arten von Aberglauben bestehen geblieben, wie z. B. das Hinterlassen von Speisen und das Anzünden von Weihrauch für verstorbene Verwandte.

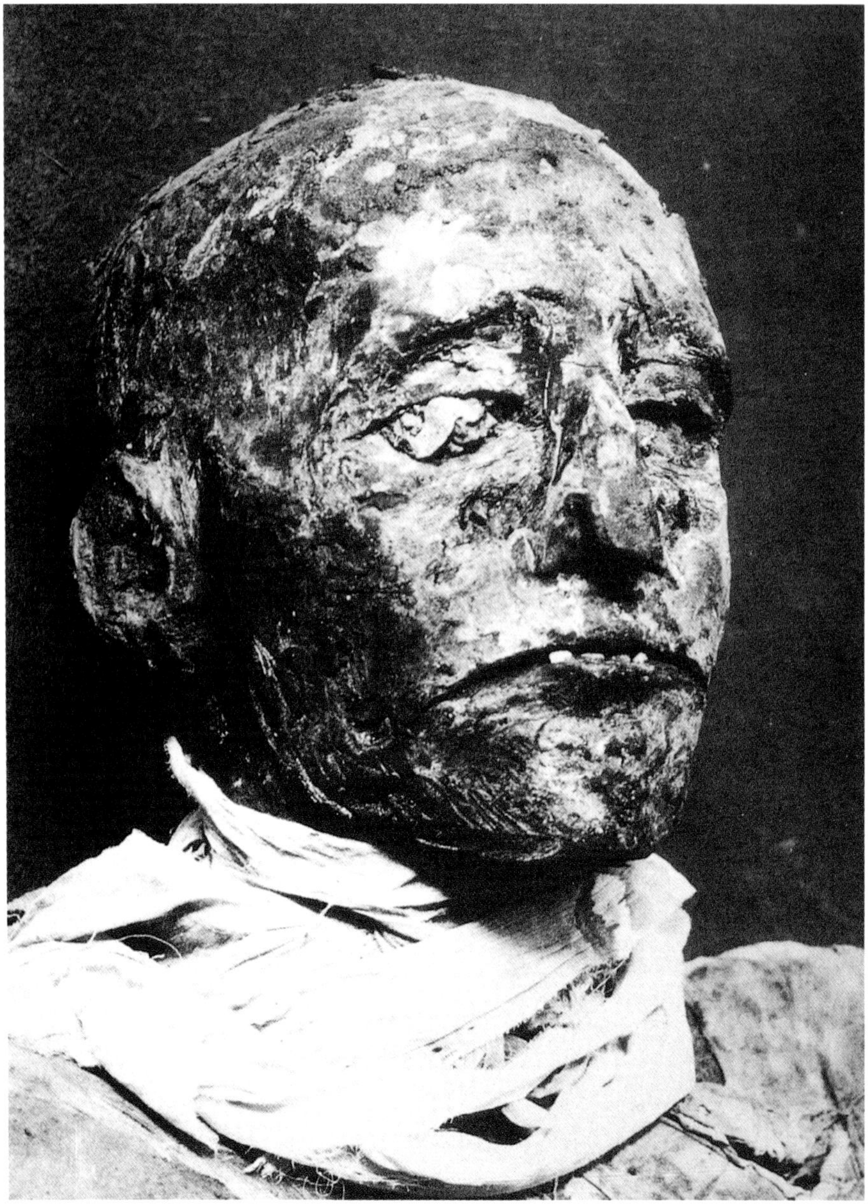

Links: Die gut erhaltene Mumie von Ramses III. hat in vielen Horrorfilmen als Modell gedient.

Links: Sir Lawrence Alma Tadema (1836–1912): Die Auffindung des Mose. *Biblische Themen dienten den Künstlern als Vorwand, in fantasievollen Visionen über das alte Ägypten schwelgen zu können.*

Auch die Angst vor dem »bösen Blick« ist bestehen geblieben; die Menschen tragen Talismane zum Schutz gegen das Böse.

Mystischer Einfluss

Das alte Ägypten ist eine Quelle der Inspiration für Mystiker und Anhänger des Okkulten geblieben. Die Alchimie und Astrologie haben wahrscheinlich in Alexandria ihren Ursprung, das zu einer Hauptkulturstadt und zu einem Handelszentrum der alten Welt wurde. Hier vermischten sich viele alte ägyptische, griechische und nahöstliche Vorstellungen und Überzeugungen. In hermetischen Schriften wurde die Ansicht verbreitet, Ägypter besäßen die wahre Weisheit.

Obwohl die Astrologie erst spät nach Ägypten gelangte – wahrscheinlich aus dem westlichen Asien – gibt es zahlreiche Darstellungen von Sternen, Sternenkonstellationen und Himmelskarten, die von Mystikern fälschlicherweise als echte Tierkreise angesehen wurden. Die Ägypter hatten ein System, die Glück und Unglück bringenden Einflüsse des Tages zu bestimmen, so wie es in modernen Horoskopen der Fall ist. Dies hatte jedoch nichts mit den zwölf Zeichen des Tierkreises zu tun. Die Glück oder Unglück bringende Natur eines Tages war von mythologischen Ereignissen, die an diesen Tagen stattgefunden hatten, abgeleitet worden. In der ägyptischen Literatur zeigte sich auch die Auffassung, dass einige Zahlen eine magische Bedeutung haben.

Die früheste Erzählung über einen Zauberer ist in der etwa aus dem Jahr 1700 v. Chr. stammenden Westcar-Papyrusrolle zu finden; viele Menschen mit übernatürlichen Kräften, Wahrsager und Handleser geben sich selbst ägyptische Namen oder behaupten, Wiedergeburten ägyptischer Priester oder Priesterinnen zu sein. Götter mit Tierköpfen, mysteriöse Hieroglypheninschriften, geweihte Amulette und der Bestattungsglaube der alten Ägypter sind

Oben: David Roberts (1796–1864): Sandsturm in der Wüste. *Der Künstler besuchte Ägypten im Jahre 1839 und malte zahlreiche Bauwerke. Seine Zeichnungen wurden in einer berühmten Lithographien-Serie veröffentlicht.*

beliebte Themen bei Hellsehern und Schriftstellern, die sich in ihren Büchern mit Parapsychologie befassen.

Der Fluch der Mumie

Die Wirkung des alten Ägypten auf das Okkulte wird durch die unzähligen Geschichten über den »Fluch der Mumie« noch verstärkt. Diese Geschichten erregen kontinuierlich die Fantasien der Öffentlichkeit. Der erste Bericht über eine Geistergeschichte, in der es um eine Mumie ging, wurde im Jahre 1699 in Frankreich geschrieben. Das Beispiel der Mumie zeigt – ebenso wie Dracula und Frankenstein – dass das Thema stets aktuell ist, was Horrorfilme betrifft. Die Verbindung des alten Ägypten mit dem Okkulten erreichte die Öffentlichkeit, als der so genannte

»Fluch des Tutanchamun« von der Presse als Grund für den Tod von Lord Carnarvon angegeben wurde. Carnarvon, der Schirmherr der Expedition, der schon vorher bei schlechter Gesundheit gewesen war, starb an einem Moskitostich, kurz nachdem das Grab entdeckt wurde. Da der Zeitung *The Times* die Exklusivrechte an der Berichterstattung über die Entdeckung des Grabes übertragen worden waren, war die Konkurrenz, die nichts zu berichten hatte, wohl gezwungen, eine Geschichte zu erfinden. Auf diese Weise entstand der mystische »Fluch«.

Oben: Mit Lotusblüten verzierter Teller im ägyptischen Stil, 19. Jahrhundert

Links: Bemalter Kerzenhalter aus Bronze im ägyptischen Stil, 19. Jahrhundert

Rechts: Das Ägyptische Haus, Penzance, England. Die Fassade dieses Hauses, das in den 1930-er Jahren erbaut wurde, zeigt den architektonischen Stil »Egyptian Revival«.

Links: Gewaltiges Basrelief aus einem modernen Haushaltswarengeschäft in Kensington, London, England. Es spiegelt den Trend zur »Egyptian-Revival«-Architekur in den 1990-er Jahren wider.

Oben: Silberne Salzschale verziert im »Egyptian-Revival«-Stil, um 1840

Einfluss auf die Kunst

Neben seinem Einfluss auf den Okkultismus hat das alte Ägypten aufgrund der exotischen und romantischen Assoziationen kontinuierlich auf die westliche Kunst eingewirkt. Im 19. Jahrhundert gelangen einer Reihe von europäischen Malern einige höchst fantasievolle Rekonstruktionen des alten Ägypten. Viele Künstler bereisten die Islamische Welt. Die Themen ihrer Bilder machten Turban tragende Araber, geschäftige Basare, Kamele, Palmen und leicht pornographische Haremszenen unabdingbar.

Die Pyramiden und die Ruinen des alten Ägypten waren Teil dieses romantischen Ideals und wurden als solches häufig in einer übertriebenen Perspektive mit dramatischen Sonnenuntergängen dargestellt; die Elemente des Fantastischen, des Exotischen und des Erotischen waren Teil der fantasievollen Visionen, die viele Künstler vom alten Ägypten hatten. Die bemerkenswerte Aufmerksamkeit, die sie dem Detail widmeten, spiegelte die zeitgenössischen Ideale der orientalischen und prä-raphaelischen Kunst wider. Auch die Bibel lieferte altägyptische Themen für Bilder, die oft von beachtlicher Sentimentalität und Melodramatik geprägt sind. Viele dieser Bilder wurden durch Gravierungen in zeitgenössischen Familienbibeln und Kinderreligionsbüchern populär.

Die dekorativen Künste

Für die dekorativen Künste und die Architektur boten die Motive des alten Ägypten eine Abwechslung zu dem höchst modischen neoklassizistischen Stil. Dieses Phänomen wird oft als »Egyptian Revival« bezeichnet; ein Stil, der während der Napoleonischen Kriege in England und Frankreich auf Grund deren Verbindung zu Ägypten sehr verbreitet war. Die ägyptischen Elemente wurden jedoch so stilisiert, dass sie dem zeitgenössischen Geschmack entsprachen, und die Figuren nah-

Links: Dieses Maskottchen in Gestalt einer Sphinx, das zu einem Auto aus den 1920-er Jahren gehört, spiegelt die Beliebtheit ägyptischer Motive wider, die nach der Entdeckung des Grabes von Tutanchamun aufkam.

men ein rundlicheres, plumperes Aussehen an, das an den alten griechisch-römischen Ägypten-Stil erinnerte. Die »Ägyptisierung« war auch ein Charakteristikum englischer und französischer Möbel aus der Regentschafts- und Empire-Zeit und kam ebenso bei der Herstellung anderer Gegenstände wie Uhren, Kandelaber und Porzellan zum Tragen. Diese Mischung aus ägyptischen und klassischen Formen wurde gleichfalls beim Bau von so unterschiedlichen Gebäuden wie Mühlen, Gerichtshöfen und Denkmälern auf Friedhöfen umgesetzt. In den 1850-er Jahren zeigte die Aufnahme eines ägyptischen Hofes in die Weltausstellung in London, dass das alte Ägypten die Vorstellungskraft des britischen Volkes erobert hatte, indem es die viktorianische Vorliebe für Verzierungen und Dekorationen widerspiegelte.

Im 20. Jahrhundert ist die künstlerische Interpretation des alten Ägypten weniger überladen und üppig, dafür aber »moderner« geworden. Die erhabene, geräumige und geometrische Art ägyptischer Formen entspricht dem modernen Geschmack eher als der klassische Stil. Die Entdeckung des Grabes von Tutanchamun in den 1920-er Jahren hatte einen bedeutenden Einfluss auf eine neue Designer-Bewegung, die Art Déco genannt wurde. Viele ägyptische Formen wurden stilisiert und in zeitgenössische Architektur, Möbel, Skulpturen und grafische Kunst eingegliedert. Das alte Ägypten hatte auch einen großen Einfluss auf die neue Kino-Industrie, die in Hollywood entstanden war. Das Design vieler Kinofassaden war von der Architektur ägyptischer Tempel inspiriert worden, was die ganze Filmwelt noch fantastischer werden ließ. Inzwischen stellten Themen des alten Ägypten die perfekte Grundlage für wirklichkeitsferne Epen wie *Land der Pharaonen*, *Die zehn Gebote* und *Cleopatra* dar, die sich durch einen gewaltigen Bühnenaufbau und eine Besetzung mit Tausenden von Schauspielern auszeichneten. Die großartige Vision der alten Herrlichkeit Ägyptens ist darüber hinaus in die Welt der Oper eingegangen, und zwar in Verdis spektakuläre *Aida*.

Das alte Ägypten und die moderne Kunst

Moderne Künstler lassen sich weiterhin vom alten Ägypten inspirieren. Höchst individuelle Talente wie Pablo Picasso und Henry Moore haben den Einfluss dieser Kultur auf ihr Werk anerkannt. In den vergangenen Jahren haben Architekten erneut Interesse an Ägypten gewonnen, und Formen wie z. B. die Pyramide werden weiterhin elegant in viele öffentliche und Geschäftsgebäude integriert. Der ägyptische Stil ist so alt, dass er modern erscheint, und mit jedem Schritt in Richtung Zukunft gewinnt unser Wissen über die entfernteste Vergangenheit des zivilisierten Menschen an Relevanz.

Links: Verdis Opern-Epos Aida *wird weiterhin als aufwändiges Spektakel aufgeführt. In ihm ist der Mythos der einstigen Herrlichkeit Ägyptens verewigt.*

VERGLEICHENDE CHRONOLOGIE DES ALTEN ÄGYPTEN

JAHR	IN ÄGYPTEN	ZEITALTER	ÜBRIGE WELT
500 n. Chr.	Letzte bekannte demotische Inschrift Letzte Hieroglypheninschrift Königin Zenobia von Palmyra besetzt Ägypten Bukolische Kriege Alexandrinische Unruhen Tod Cleopatras	GRIECHISCH-RÖMISCHES ZEITALTER	Klassische Maya-Kultur Mittelamerikas Plünderung Roms Gründung Konstantinopels Moche-Kultur in Südamerika Hauptbau beginnt in Teotihuacan Jüdische Diaspora Der Vesuv verschüttet Pompeji Invasion des Claudius in Britannien
0	Tempelbau in Edfu Einheimische Rebellen-Herrscher in Theben Ptolemaios Lagos Pharao Alexander der Große in Ägypten Letzte einheimische Pharaonen	PTOLEMÄISCHES ZEITALTER 21. –30. DYNASTIE SPÄTES DYNASTIEN-ZEITALTER	Christi Geburt Buddhismus erreicht China Julius Cäsar marschiert in Britannien ein Zerstörung Karthagos Hannibal überquert die Alpen Beginn des Vereinigten Chinesischen Königreiches Tod des Kaisers Aschoka Alexander der Große in Indien Bau des Parthenon Niederlage der Perser in Marathon
500 v. Chr.	Perser annektieren Ägypten Griechische Kolonien in Ägypten Assyrische Invasionen Kuschitische Könige herrschen in Ägypten Scheschonq I. plündert Jerusalem Größte Macht der Hohepriester in Theben		Geburt Buddhas Nebukadnezar zerstört Jerusalem Meder zerstören Babylon Aufstieg der Städte in Indien Beginn des Baus der Chinesischen Mauer Gründung Roms Erste Olympische Spiele Tod Salomons David regiert von Jerusalem aus Chavín-Kultur in Südamerika
1000 v. Chr.	Umfangreiche Grabplünderungen in Theben Ramses III. wehrt Seevölker ab Merneptah unterdrückt libysche Invasionen Zusammenstöße mit Hethitern in Syrien	18. – 20. DYNASTIE NEUES REICH	Fall Trojas Olmeken in Mittelamerika Hauptbauphase in Stonehenge Shang-Dynastie in China Fall von Knossos und dem Minoischen Reich

VERGLEICHENDE CHRONOLOGIE DES ALTEN ÄGYPTEN

JAHR	IN ÄGYPTEN	ZEITALTER	ÜBRIGE WELT
	Tutanchamun kehrt nach Theben zurück Echnaton gründet die Stadt Echnaton Beginn des Tempelbaus in Luxor Thutmosis III. erobert Syrien Königin Hatschepsut regiert als Pharaonin		
1500 v. Chr.	Erstes Grab im Tal der Könige Amasis vertreibt die Hyksos Thebaner stellen sich gegen die Hyksos Hyksos erobern Memphis Avaris wird zur Hauptstadt der Hyksos Handel mit Asien, Afrika und den Mittelmeerinseln Beginn des Tempelbaus in Karnak Bau von Festungen in Nubien Neue Hauptstadt in Itj-tawy Mentuhotep vereint Ägypten	13. – 17. DYNASTIE 2. ZWISCHEN-PERIODE 11. –12. DYNASTIE MITTLERES REICH	Gesetzgebung des Hammurabi
2000 v. Chr.	Bürgerkrieg zwischen Theben und Herakleopolis Pepi II. regiert 94 Jahre Die Unas-Pyramide wird als erste mit Schriftzeichen versehen Sonnentempel in Abu Gurab Expeditionen nach Punt (Somalia)	7. – 10. DYNASTIE 1. ZWISCHEN-PERIODE 3. – 6. DYNASTIE ALTES REICH	Erste Töpfereien in Mittelamerika Früheste Eisenschmelze im Mittleren Osten Indo-Europäer dringen in Anatolien ein Sargon von Agade Induskulturen in Indien Steintafel-Archive in Ebla
2500 v. Chr.	Cheops baut die Große Pyramide Erste echte Pyramide in Daschur Stufenpyramide in Saqqara Expeditionen nach Sinai und Nubien Handel mit Asien und tropischem Afrika Erste Elemente von Steinarchitektur	1.- 2. DYNASTIE FRÜHZEIT	Begräbnisse von Königen in Ur

VERGLEICHENDE CHRONOLOGIE DES ALTEN ÄGYPTEN

JAHR	IN ÄGYPTEN	ZEITALTER	ÜBRIGE WELT
3000 v. Chr.	Erfindung der Hieroglyphen Vereinigung Ägyptens, Gründung von Memphis Erste Glasuren Produktion von Schalen aus Hartstein Bemalte, polierte Töpfereien	VORGESCHICHTE NAQADA II- KULTUR	Erste Töpfereien in Südamerika Sumerer führen die Schrift ein
3500 v. Chr.	Erstmalige Herstellung von Steinschalen Töpfereien mit eingeritzten Zeichen in weißer Farbe Erste Darstellungen der menschlichen Gestalt Metallarbeiten Erstmalige Herstellung von roten Töpfereien mit schwarzem Rand	NAQADA I-KULTUR BADARI-KULTUR	
4000 v. Chr.	Anbau von Getreide und Flachs	ÄGYPTISCHE STEINZEIT	